전도는 쉽다

전도는 쉽다

✝

예수님이
함께하면…

오아론 목사 지음

좋은땅

프롤로그

예수 믿고 구원받는 것은 너무나 쉽다. 마귀가 지배하는 세상에서 구원받고 천국에 가는 것은 너무나 쉽다. 예수가 우리의 구세주인 것과 예수가 하나님의 아들이라는 것을 믿고 고백하기만 하면 된다. 이보다 더 쉬운 일이 세상에 있겠는가?

예수 믿는 것은 하나의 종교를 갖는 것이 아니다. 세상 종교들은 도를 닦아야 한다. 고행을 해야 한다. 어떤 선행을 해야 한다. 그래야 구원을 받는다고 한다. 그러나 예수 믿고 구원받는 길은 그럴 필요가 전혀 없다. 어떤 죄를 지었든 상관없다. 평생 동안 죄를 짓고 살다가도 죽기 전에 예수를 영접하기만 해도 구원을 받는다.

> "영접하는 자 곧 그 이름을 믿는 자들에게는 하나님의 자
> 녀가 되는 권세를 주셨으니" (요 1:12)

예수 믿고 구원받은 사람들이 신앙생활을 계속하는 것은 구원받고 천국 가는 것이 목적이 아니라 구원받은 하나님의 자녀로서 살아가는 것이다. 첫째는 이 땅에서도 하나님의 축복을 받고 사는 것이요, 둘째는 천국에 들어갈 때 상 받기 위한 것이다. 천국에 들어갈

때 가장 큰 상급은 영혼 구원의 상급이다. 이들은 생명의 면류관을 받게 된다.

구원받고 하나님의 자녀가 되어 이 땅에서도 하나님의 축복을 넘치게 받고 있기 때문에 우리를 구원하신 예수님께 감사하며 살아가고 있는 것이다. 우리를 구원하신 예수님은 우리가 이 땅에서 어떻게 살아야 하는가를 가르쳐 주셨다. 그 중에서도 이 세상을 떠나기 직전에 유언으로 남겨 주신 말씀이 있다.

> "그러므로 너희는 가서 모든 민족을 제자로 삼아 아버지
> 와 아들과 성령의 이름으로 침례를 베풀고, 내가 너희에
> 게 분부한 모든 것을 가르쳐 지키게 하라 볼지어다. 내가
> 세상 끝날까지 너희와 항상 함께 있으리라 하시니라" (마
> 28:19-20)

그래서 구원받은 모든 믿는 자들은 이 지상명령을 수행하려고 한다. 그래서 여러 가지 방법으로 전도를 하려고 하고 있다. 정말로 전도를 하려고 시도하는 모든 자들에게 주님의 축복이 넘치기를 간절히 원한다. 나도 전도하기를 엄청 노력했고 신학교에서 교수를 하면서 신학생들에게 주님의 지상명령을 수행하는 방법에 대해서 많이 가르쳤다. 그런데 기도하는 가운데 주님이 책 제목을 주시면서 책을 쓰라는 명령을 받았다. 책 제목은 『전도는 쉽다: 예수님이 함께하면…』이다.

나는 주님께 물었다.

"전도는 쉽지 않습니다. 어떻게 해야 전도가 쉽습니까?"

"너희 능력으로는 한 사람도 전도할 수 없다. 그러나 내가 함께하면 전도는 쉽다. 내가 다 해 주기 때문이다."

"무엇을 해 주시겠습니까?"

"내 이름을 너희에게 주었다. 내 이름으로 무엇이든지 내게 구하면 내가 시행해 주겠다."

"그리고는요?"

"너희에게 성령을 보내 주었다. 성령이 너희에게 임하면 너희가 권능을 받고 땅끝까지 내 증인이 될 수 있다."

"그리고는요?"

"나에게는 하늘의 권세와 땅의 모든 권세를 가지고 있다. 너희가 내 유언을 따라 전도나 선교를 하려고 하면 내가 너희와 항상 함께 해 주겠다."

"함께한다는 의미는 무엇입니까?"

"내가 너희와 함께한 증거로 따르는 표적이 임하게 된다. 귀신을 쫓아내며, 병든 자에게 손을 얹고 기도하면 내가 치료해 주겠다."

"그렇게 된다면 정말로 전도가 쉽겠군요."

"세상 모든 사람들은 모두 심각한 문제를 가지고 있다. 그들의 문제를 해결해 주면 내가 살아서 지금도 역사한다고 믿게 될 것이다. 너는 책을 쓰라. '전도는 쉽다'고.

"주님, 그렇다면 '전도는 쉽다 예수님이 함께하면…'이라는 제목으로 책을 쓰겠습니다."

나는 이렇게 하여 이 책을 쓰게 된 것이다. 지금까지 성경을 연구하고, 그것을 많은 신학생들에게 가르쳤던 것을 종합해 보니 정말로 주님이 함께한다면, 당연히 표적이 따르게 되고 전도는 쉽다는 것을 깨달았다.

정말로 주님이 함께하면 모든 것을 할 수 있다. 천지를 지으신 예수님이시다. 우리의 모든 죄를 사해 주신 주님이시다. 십자가에서 우리를 위해 물과 피를 다 쏟아 주신 주님이시다. 그러한 주님이 우리와 함께하시겠다고 약속하며 땅끝까지 전도와 선교를 하라고 명령하신다. 그리고 모든 방법을 다 알려 주시고 모든 능력을 우리에게 다 주신다. 당신은 헌신하기만 하면 된다.

이 책이 여러분의 지침이 되기를 간절히 원한다.

목차

1부

✝

전도는
쉽다

1. 예수님의 전도 활동

전도란 무엇인가? 교회에 사람들을 인도하는 것이 전도인가? 물론 그것도 전도가 될 수 있다. 그러나 진정한 의미의 전도는 아니다. 그런데 교회에서 그것을 전도라고 잘못 알고 있기 때문에 사람들을 교회로 끌어들이기 위해 많은 행사를 하고 잘못된 전도 훈련을 하고 교인들을 총동원하는 것을 볼 때 안타깝다.

그렇다면 진정한 의미의 전도란 무엇인가? 복음을 전하는 것이 전도다. 복음, 복된 소식을 전하는 것이다. 모든 인간에게 가장 복된 소식은 무엇일까? 그 내용이 성경에 담겨 있다.

성경에는 모든 인간의 문제는 무엇이며, 그 문제를 해결할 수 있는 방법은 무엇인지 다 기록되어 있다. 그래서 교회에 다니는 모든 교인들은 성경을 읽고 공부하고 연구하며 성경대로 살려고 노력하고 있다. 그런데 막상 성경에서 말하는 내용이 무엇인지 잘 모른다. 성경에는 32,500여 가지의 말씀이 있다. 그것을 어떻게 다 알고 외우며 지키고 살 수 있을까?

일반적으로 공부를 못하는 사람들은 그 책에서 무엇을 말하는가를 잘못 알고 있다. 그래서 그 책에서 가장 중요한 것이 무엇인지도 모르고 무조건 외우고 공부한다. 모든 책은 시작과 끝이 있다. 시작과 끝을 먼저 읽어 보고 이 책이 무엇을 말하는가를 이해해야 한다. 성경도 마찬가지다. 성경의 시작은 창세기 1장 1절에서 시작하고 끝은 요한계시록 22장 21절에서 끝이 난다.

"태초에 하나님이 천지를 창조하시니라"(창 1:1)
"주 예수의 은혜가 모든 자들에게 있을지어다 아멘"(계 22:21)

이 두 구절을 보면 성경 전체 내용이 무엇인지를 알게 된다. 하나님이 천지를 창조하신 목적은 모든 자들에게 예수의 은혜를 주기 위한 것이구나 하고 누구나 깨닫게 된다. 그래서 하나님께서는 천지를 만드시고 인간을 만드시고 그렇게 많은 사람들을 등장시키며 일하신 목적은 주 예수의 은혜가 무엇인지를 알게 하기 위한 것이구나 하고 깨닫게 된다.

하나님께서 우리 인간들이 정말로 알기를 원하시는 하나님의 소원은 '주 예수의 은혜가' 모든 자들에게 있기를 원하시는 것이다. '주 예수의 은혜', 예수님이 거저 주시는 선물, 그 선물이 복음이고 그 복음을 모든 사람들이 듣고 갖기를 원해야 한다. 그래서 성경에서 가장 중요한 핵심 구절을 요한복음 3장 16절이라고 한다.

"하나님이 세상을 이처럼 사랑하사 독생자를 주셨으니 이는 그를 믿는 자마다 멸망하지 않고 영생을 얻게 하려 하심이라"(요 3:16)

이 한 구절은 정말로 복된 소식이다. 그러나 오늘날 세상 사람들의 귀에는 그 말씀이 복음이 되지는 못한다. 지금 당장 당하는 고통을 해결해 주지 못하면 진정한 복음이 될 수 없다. 지금 당장 병든 자를 고쳐 주어야 한다. 지금 당장 배고파서 쓰러지는 사람에게 먹을 것을 주어야 한다. 지금 당장 옥에 갇혀서 고통받는 자를 해방시켜 주어야 한다.

예수님은 이 땅에 오셔서 너희가 나를 믿으면 죽은 다음에 천국에 갈 수 있다. 그러니 나를 믿으라고 하시지 않으셨다. 지금 당장 그들이 필요한 것을 채워 주셨다. 그런데 오늘날 교인들이 전도하며 외치는 소리는 "예수 믿으면 지옥에 가지 않고 천국에 갑니다. 예수 믿으세요"라고 한다. 그러니 세상 사람들이 예수를 믿을 수 없는 것이다. 세상 사람들에게 전혀 먹혀들지 않는 소리를 하기 때문에 전도가 안 되는 것이다.

그러나 예수님은 전도를 쉽게 하셨다. 예수님이 전도를 시작하자마자 수많은 사람들이 몰려들었다. 예수님이 전도하신 일은 단순하였다. 귀신을 쫓아내시며 병든 자를 고치신 것이다. 그랬더니 그 소문이 퍼져 예수님이 계신 곳에는 수많은 사람들이 몰려 왔다. 마가 복음만 보더라도 예수님이 하신 일은 거의 귀신을 쫓아내고 병든 자들을 고치신 내용이다.

마가복음 1장 21-28절에서는 가버나움 회당에서 말씀을 가르치실 때 더러운 귀신 들린 사람이 소리 질러 "나사렛 예수여, 우리가 당신과 무슨 상관이 있나이까 우리를 멸하러 왔나이까 나는 당신이 누구인 줄 아노니 하나님의 거룩한 자니이다"라고 말할 때, 예수님은 그 귀신에게 "잠잠하고 그 사람에게서 나오라" 하시니 더러운 귀신이 그 사람에게 경련을 일으키고 큰 소리를 지르며 나왔다. 사람들은 놀라서 말했다. "이는 어쩜이냐 권위 있는 새 교훈이로다"라고 하면서 그 소문이 온 갈릴리 사방에 퍼지게 되었다.

여기서 우리는 살펴볼 것이 있다. 구약 성경에서는 귀신이라는 단어가 한 번도 안 나온 것이다. 귀신은 하나님을 대적하다가 쫓겨난 사탄, 곧 마귀의 하수인들이다. 인간이 죄를 짓고 에덴동산에서 쫓겨난 이후에 모든 세상 사람들은 마귀의 종이 되어 버렸다. 그래서 마귀가 세상 모든 사람을 죽이고 멸망시킨 것이다. 한 사람도 예외가 있을 수 없다.

"죄를 짓는 자는 마귀에게 속하나니 마귀는 처음부터 범죄함이라 하나님의 아들이 나타나신 것은 마귀의 일을 멸하려 하심이라"(요일 3:8)

마귀의 일, 곧 귀신이 모든 사람들에게 달라붙어 있어서 하나님의 축복을 못 받게 하고, 병들게 하고, 서로 싸우게 하고, 서로 죽이는 일을 하는 것이다. 그래서 예수님이 성령을 받으시고 하나님의 아들로서 일을 시작하자마자 마귀의 시험을 물리치신 것이다. 그리고 사람들을 괴롭히는 마귀의 쫄병인 귀신들을 말씀으로 쫓아내신 것이다.

이어서 29-31절에서는 시몬의 장모가 열병으로 누워 있는데 예수님께서 손을 잡아 일으키시니 열병이 떠나고 예수님과 예수님의 제자들에게 수종을 들었다고 기록하고 있다.

32-34절에서는 "저물어 해 질 때에 모든 병자와 귀신 들린 자를 예수께 데려오니 온 동네가 그 문 앞에 모였었는데 예수님께서는 각종 병이 든 많은 사람을 고치시고 귀신들을 쫓아내셨다"고 기록하고 있다.

다음 날 새벽에 예수님은 한적한 곳에서 기도하신 후에 제자들을 데리시고 온 갈릴리 마을에 다니시며 전도도 하시고 또 귀신들을 내쫓으셨다.

한 나병환자가 예수께 와서 꿇어 엎드려 간청하였다. "원하시면 저를 깨끗하게 하실 수 있나이다." 하자 예수님께서 불쌍히 여기사 손을 내밀어 그에게 대시며 "내가 원하노니 깨끗함을 받으라"고 하시니 곧 나병이 그 사람에게서 떠나가고 깨끗하여졌다.

예수의 소문은 점점 멀리 퍼지게 되어서 할 수 없이 예수님이 사람들이 있는 곳을 피하여 쉬고 있었지만 사람들이 어떻게 알고는 사방에서 예수님에게 몰려왔다.

수일 후에 예수께서 다시 가버나움에 들어가시니 집에 계시다는 소문이 들린지라 많은 사람이 모여서 문 앞까지도 들어설 자리가 없게 되었는데 예수님께서 그들에게 말씀을 가르치고 계실 때 한 중풍병자를 네 사람이 들고 왔는데 사람들 때문에 예수님 앞으로 갈 수가 없어서 그들은 지붕을 뜯어내고 중풍병자가 누운 상을 예수님 앞으로 달아 내렸다.

당시에 그곳의 지붕은 평평하였고 콘크리트로 된 것이 아니고 나무로 만든 지붕에 널판지 등으로 막았던 지붕이었다. 그러나 남의 지붕을 허락도 없이 뜯어낸 것이다. 그리고 지붕을 뜯어낼 때 부스러기 먼지 등이 그 방 안으로 엄청 쏟아 내렸을 것이다. 그들은 중풍병자가 예수님 앞에 데려 놓으면 고치실 것을 너무나 확실하게 믿었기 때문에 남의 지붕 수리비는 걱정도 하지 않고 무리한 행동을 한 것이다. 예수님은 그들의 믿음을 보시고 "일어나 네 상을 들고 집으로 가라"고 명하시자 중풍병자가 일어나서 자기 상을 들고 나갔다고 기록하고 있다.

그 외에도 한쪽 손 마른 사람을 보시고 "네 손을 내밀라" 하시자 곧 회복되었다. 열두 해 동안 혈루증 앓던 여인이 예수님의 옷자락에 손을 대자마자 고쳐졌다. 나면서부터 소경된 바디메오도 예수님께서 고쳐 주셨다. 귀먹고 벙어리 귀신 들린 소년에게 귀신을 쫓아내자 귀가 들리고 말을 하게 되었다. 예수님은 죽은 아이도 살리셨다.

예수님께서 제자들과 함께 갈릴리 바다에 나가시자 유대와 예루살렘과 이두매와 요단 강 건너편과 또 두로와 시돈 근처에서 수많은 사람이 예수님께 나왔던 것이다. 신문 광고를 한 것도 아니었다. 인터넷으로 알린 것도 아니었지만 입에서 입으로 소문을 듣고 수많은 사람들이 모여들었던 것이다. 더러운 귀신들도 어느 때든지 예수를 보면 그 앞에 엎드려 부르짖었고 병으로 고생하는 수많은 무리들도 예수를 만지려고 몰려 들었다.

갈릴리 호숫가 가버나움에 가보면 일만 오천 명을 먹이신 오병이어 기적 교회가 그곳에 있다. 물고기 두 마리와 보리떡 다섯 덩어리로 일만 오천 명을 배불리 먹이신 것이다. 예수님이 계신 곳에는 언제나 사람들이 구름 떼처럼 몰려들었다.

예수님께서 인류의 모든 죄를 사하시기 위해서 십자가 처형을 하루 앞둔 날까지 예수님은 귀신을 쫓아내시고 병을 고치신 것이다. 사람들이 절실히 필요한 것들을 해결해 주신 것이다. 이렇게 될 때에야 요한복음 3장 16절 말씀이 그들에게 먹히게 된다.

"하나님이 세상을 이처럼 사랑하사 독생자를 주셨으니 이

는 그를 믿는 자마다 멸망하지 않고 영생을 얻게 하려 하
심이라" (요 3:16)

전도는 쉽다. 예수님께서 가르치시고 행하시고 이루신 일을 전하
는 것이다. 바꾸어 말하면 예수님의 은혜를 전하는 것이 전도. 성
경의 마지막 결론인 요한계시록 22장 21절을 전하는 것이 전도다.

"주 예수의 은혜가 모든 자들에게 있을지어다 아멘" (계
22:21)

세상 사람들에게 예수님의 은혜, 즉 거저 주시는 하나님의 선물을
세상 사람들에게 알려 주고 보여 주어야 한다. 예수님처럼 병든 자
를 고치고, 귀신에게 눌린 자를 자유케 하고, 배고픈 사람에게 먹을
것을 주고, 그들이 필요한 것을 다 해결해 준다면 사람들이 교회로
몰려들 것이다.

예수님이 세상 사람들에게 주신 선물, 예수님의 은혜는 무엇일
까? 간략하게 살펴보자. 예수님은,

- 채찍에 맞으심으로 우리의 모든 병을 치유하셨다. (벧전 2:24)
- 가난을 담당하셔서 우리에게 부유를 주셨다. (고후 8:9)
- 예수의 이름을 주셔서 무엇이든지 구하는 것을 받게 하셨다.
  (요 14:14)

- 모든 귀신을 쫓아내심으로 우리에게 축복을 주셨다. (막 1:34)
- 십자가에서 죽으심으로 우리에게 영생을 주셨다. (요 3:15)

  그러면 우리가 어떻게 예수님처럼 병든 자들을 고치고, 귀신 들린 자에게서 귀신을 쫓아내며, 가난한 자에게 복음을 전할 수 있을까? 말로만 해서는 안 된다. 말로만 하는 것이 아니라 실제로 그러한 일을 우리도 해야 한다. 그리고 우리도 그렇게 할 수 있다고 예수님은 분명히 약속하셨다.

2. 예수님의 제자 훈련

예수님은 하나님의 아들로서 이 땅에 오셨다. 그러나 예수님은 스스로 자기를 인자(人子)라고 하셨다. 하나님이시지만 사람의 아들로 이 땅에 오셨다는 것을 말씀하신 것이다. 이는 마귀의 종이 되어 고통 가운데 죽어가는 우리 사람들이 어떻게 마귀의 억압에서 벗어나서 하나님의 아들로 세상을 살아갈 수 있는가를 우리들에게 보여 주신 것이다.

예수님은 나이가 30세까지는 우리와 똑같이 사람으로 세상을 사셨다. 그러나 그가 30세가 될 때 요한이라는 사람이 먼저 세상에 나와서 죄 사함을 받게 하는 세례를 전파하고 있을 때 예수님도 세례 요한에게 나아와 세례를 받으셨다.

이때에 하늘이 갈라지고 성령이 비둘기 같이 예수님에게 내려왔다. 그리고 하늘로부터 소리가 나서 "너는 내 사랑하는 아들이라. 내가 너를 기뻐하노라" 하는 소리를 들으셨다.

바로 그 후에 성령에 사로잡혀 광야로 나가서 40일 동안 사탄의 시험을 받으셨다. 마태복음 4장에 보면 마귀가 예수님을 시험할 때 하나님의 말씀으로 마귀를 물리치셨다.

예수님은 성령을 받으시고 마귀의 시험을 물리치신 후에 예수님은 드디어 하나님의 복음을 전파하셨다. 예수님께서 지금까지는 사람의 아들로서 우리와 거의 똑같이 세상을 사셨지만 성령을 받으시고 마귀의 유혹을 물리치신 후에는 하나님의 아들로서 3년 반 동안 세상에서 사시면서 하나님의 나라에 대해서 알려 주시고 수많은 기사와 이적을 행한 것이다.

예수님이 하나님의 아들로서 이 땅에 사시면서 제일 먼저 한 일은 제자들을 부르신 것이다. 이제 머지않아 세상의 모든 죄를 사하시기 위해 십자가에서 죽으실 것을 아시고 제자들을 훈련시키기 위한 것이다.

갈릴리 해변으로 지나가시다가 시몬과 그 형제 안드레가 고기 잡는 것을 보시고 "나를 따라 오너라. 내가 너희로 사람 잡는 어부가 되게 하리라"고 부르셨다. 그 후에 세베대의 아들인 야고보와 요한을 보시고 그들도 부르셨다. 이렇게 제자들을 불러 모으셨는데 그들이 열두 명이 되었다.

"예수께서 그의 열두 제자를 부르사 더러운 귀신을 쫓아
내며 모든 병과 모든 약한 것을 고치는 권능을 주시니라"

(마 10:1).

"이에 열둘을 세우셨으니 이는 자기와 함께 있게 하시고
또 보내사 전도도 하며 귀신을 내쫓는 권능도 가지게 하려
하심이라" (막 3:14-15).

"예수께서 열두 제자를 불러 모으사 모든 귀신을 제어하
며 병을 고치는 능력과 권위를 주시고 하나님의 나라를 전
파하며 앓는 자를 고치게 하려고 내보내시며" (눅 9:1-2).

예수님을 따르는 수많은 무리 중에 예수님은 원하는 자들을 부르
셔서 열두 제자를 세우신 것이다. 그리고 그들과 함께 있게 하시며
예수님이 가르치신 모든 내용과 귀신을 쫓아내며 병든 자를 고치는
것을 보고 배우게 하시며 그들도 예수님이 하신 일을 하도록 가르치
시고 파송하여 귀신을 쫓아내며 병든 자들을 고치도록 하셨다.

"제자들이 나가 각 마을에 두루 다니며 곳곳에 복음을 전
하며 병을 고치더라" (눅 9:6).

"사도들이 돌아와 자기들이 행한 모든 것을 예수께 여쭈
니 데리시고 따로 벳새다라는 고을로 가셨으나" (눅 9:10).

제자들은 예수님께서 보여 주신 대로 나가서 그들도 복음을 전하
면서 병을 고치고 돌아와서 예수님께 보고하였다. 예수님께서는 누
가복음 10장에서는 70인을 따로 세우시고 그들로 하여금 예수님이
앞으로 가려고 계획한 동네를 미리 가서 병을 고치고 복음을 전하라

고 파송하였다. 그들이 기뻐하며 돌아와 예수님께 보고하였다.

"주님, 주의 이름이면 귀신들도 우리에게 항복하더이다."

예수님께서는 그들의 보고를 들으시고 "사탄이 하늘로부터 번개같이 떨어지는 것을 내가 보았노라. 내가 너희에게 뱀과 전갈을 밟으며 원수의 모든 능력을 제어할 권능을 주었으니 너희를 해칠 자가결코 없으리라. 그러나 귀신들이 너희에게 항복하는 것을 기뻐하지말고 너희 이름이 하늘에 기록된 것으로 기뻐하라"고 하셨다. 귀신들을 쫓아내고 병든 자들을 고친 것으로 구원을 받았다는 말이 아니다. 우리가 귀신을 쫓아내고 병든 자를 고치며 천국 복음을 전파하는 것이 다 상급으로 우리 이름에 기록된다는 말씀이다.

여기서 우리는 몇 가지 정리해야 할 내용이 있다.

첫째는 귀신은 예수의 이름으로 쫓겨나는 것이다. 왜 우리는 귀신을 쫓아내야 하는가? 귀신의 존재는 무엇인가, 귀신이 우리에게붙어서 무슨 일을 하는가, 왜 우리가 예수의 이름으로 명령하면 귀신이 쫓겨나는가, 귀신이 쫓겨나면 왜 병이 치유되는가 등등… 다음장에서 예수의 이름으로 귀신을 쫓아내는 방법을 자세하게 설명할것이다.

둘째는 예수님은 우리에게 예수의 이름을 사용할 권세를 주셨다는 것이다. 예수를 믿는 자에게 예수의 이름을 주시고 무엇이든지구하면 응답해 주신다는 약속을 주셨다.

"내가 진실로 진실로 너희에게 이르노니 나를 믿는 자는 내가 하는 일을 그도 할 것이요 또한 그보다 큰 일도 하리니 이는 내가 아버지께로 감이라. 너희가 내 이름으로 무엇을 구하든지 내가 행하리니 이는 아버지로 하여금 아들로 말미암아 영광을 받으시게 하려 함이라. 내 이름으로 무엇이든지 내게 구하면 내가 행하리라"(요 14:12-14).

예수님이 이 땅에서 행하셨던 모든 것을 우리도 행할 수 있다는 약속을 주셨다. 예수님이 귀신을 쫓아내셨으면 우리도 귀신을 쫓아낼 수 있다. 예수님께서 병든 자를 고치셨다면 우리도 병든 자에게 손을 얹으면 병을 고쳐 주시겠다는 것이다. 그리고 하나님이신 예수님이 자기의 이름을 사용하라고 허락하셨다. "너희가 내 이름으로 무엇을 구하든지… 내가 행하리라"고 예수의 이름을 사용할 권리를 주셨다. 내가 예수의 이름으로 명령하는 것은 곧 예수님이 명령한 것과 동일하다는 의미이다.

"영접하는 자 곧 그 이름을 믿는 자들에게는 하나님의 자녀가 되는 권세를 주셨으니"(요 1:12).

우리가 예수님을 나의 구주로 영접하고 예수의 이름을 믿는 그 순간부터 우리는 하나님의 자녀의 권세를 받은 것이다. 예수님도 이 땅에 사람으로 태어나셔서 하나님의 아들로서 사역하신 것처럼 우리도 이 땅에서 사람의 아들로 태어났지만 예수님을 영접하고 예수님의 이름을 믿는 그 순간부터 하나님의 아들의 권세를 사용하도록 허락해 주셨다는 말이다. 그래서 우리는 예수님이 하신 일을 우리도 할 수 있게 되었고, 예수님보다 더 큰 일도 행할 수 있다고 약속하신 것이다.

예수님이 제자들을 가르치실 때는 예수님이 직접 귀신을 쫓아내며 병든 자를 고치는 권능을 주셨다. 그런데 문제는 예수님이 이 땅을 떠나시면 누가 그러한 권능을 주시며 누가 그들을 가르칠 것인가? 예수님께서는 그걸 아시고 이렇게 약속하셨다.

> "내가 아버지께 구하겠으니 그가 또 다른 보혜사를 너희에게 주사 영원토록 너희와 함께 있게 하리니, 그는 진리의 영이라 세상은 능히 그를 받지 못하나니 이는 그를 보지도 못하고 알지도 못함이라. 그러나 너희는 그를 아나니 그는 너희와 함께 거하심이요 또 너희 속에 계시겠음이라. 내가 너희를 고아와 같이 버려두지 아니하고 너희에게로 오리라"(요 14:16-18).

예수님께서 이 땅을 떠나시면 다른 보혜사를 보내 주시겠다는 약속의 말씀이다. 이 땅에 육신을 입으시고 오셨던 예수님 대신에 다른 보혜사이신 성령님을 보내 주시겠다는 말이다. 그 성령님이 우리에게 오시면 우리 안에 들어오셔서 우리와 함께 계시겠다는 약속의 말씀이다. 그리고 그 성령님의 이름도 예수이시다. 즉 말하면 육신이 몸을 입으시고 오셨던 예수님이 이제는 영으로 우리 안에 들어오시는 것이다.

> "보혜사 곧 아버지께서 내 이름으로 보내실 성령 그가 너
> 희에게 모든 것을 가르치고 내가 너희에게 말한 모든 것을
> 생각나게 하리라" (요 14:26).

보혜사이신 성령님이 우리 안에 들어오셔서 예수님이 가르치신 것들을 다시 가르치시고 생각나게 해 주신다는 약속이다.

예수님이 제자들에게 몸소 행하신 것을 보여 주고 실습도 시키시며 그때그때 수정도 해 주신 것처럼 다른 보혜사이신 성령님이 우리 안에 오시면 우리와 함께 거하시며 지금 예수님이 하신 것보다 더 자세하게 가르치시고 지시하실 것을 약속하신 것이다.

그리고 이 땅을 떠나시며 마지막 유언을 우리에게 남겨 주셨다.

> "또 이르시되 너희는 온 천하에 다니며 만민에게 복음을
> 전파하라. 믿고 침례를 받는 사람은 구원을 얻을 것이요
> 믿지 않는 사람은 정죄를 받으리라. 믿는 자들에게는 이런
> 표적이 따르리니 곧 그들이 내 이름으로 귀신을 쫓아내며
> 새 방언을 말하며, 뱀을 집어올리며 무슨 독을 마실지라도
> 해를 받지 아니하며 병든 사람에게 손을 얹은즉 나으리라

하시더라"(막 16:15-18)

"주 예수께서 말씀을 마치신 후에 하늘로 올려지사 하나
님 우편에 앉으시니라. 제자들이 나가 두루 전파할새 주께
서 함께 역사하사 그 따르는 표적으로 말씀을 확실히 증언
하시니라"(막 16:19-20)

"그러므로 너희는 가서 모든 민족을 제자로 삼아 아버지
와 아들과 성령의 이름으로 침례를 베풀고, 내가 너희에
게 분부한 모든 것을 가르쳐 지키게 하라 볼지어다 내가
세상 끝날까지 너희와 항상 함께 있으리라 하시니라"(마
28:19-20).

"볼지어다 내가 내 아버지께서 약속하신 것을 너희에게
보내리니 너희는 위로부터 능력으로 입혀질 때까지 이 성
에 머물라 하시니라"(눅 24:49)

　예수님이 함께하시면 당연히 전도는 쉽다. 그런데 주님은 제자들
에게 전도를 하라고 명령만 하신 것이 아니라 "내가 너희와 함께하
겠다"고 약속하신 것이다. 그리고 약속하신 성령을 받게 되고 너희
는 능력으로 입혀질 것이라고 약속하신 것이다.

3. 열두 사도들의 전도 활동

열두 사도들도 예수님이 십자가에서 처형당하고 죽게 되자 실망하고 흩어지고 말았다. 사람이 죽었다가 잠시는 살아날 수 도 있지만 예수님처럼 십자가에서 완전히 죽은 사람이 살아난다는 것을 누구도 믿을 수 없었다. 그러나 예수님이 죽은 지 3일 만에 부활하여 그들에게 나타나시자 그들의 믿음이 살아났던 것이다. 물론 도마는 예수님이 오셨던 자리에 없었기 때문에 예수님이 부활하셔서 자기들에게 오셨단 말을 믿지 못했었다.

부활하신 예수님은 40일 동안 그들과 함께 계시면서 실망한 그들에게 소망을 주시고, 시험에 빠진 베드로에게 위로를 주시며 "나를 사랑하느냐?"라고 물으시며 새 사명을 주셨다. 그리고 그들에게 약속하셨던 성령을 받게 될 것을 알려 주셨다.

"사도와 함께 모이사 그들에게 분부하여 이르시되 예루살렘을 떠나지 말고 내게서 들은 바 아버지께서 약속하신 것을 기다리라. 요한은 물로 침례를 베풀었으나 너희는 몇 날이 못 되어 성령으로 침례를 받으리라"(행 1:4)

당시 제자들의 관심은 오직 이스라엘 독립에 있었다. 그래서 그들은 "이스라엘 회복이 지금입니까?"라고 물었던 것이다. 예수님은 그들에게 이스라엘 독립에 대해서는 아버지께서 알아서 할 것이니 너희들은 걱정하지 말고 성령을 받으라고 명령하신 것이다.

> "오직 성령이 너희에게 임하시면 너희가 권능을 받고 예루살렘과 온 유대와 사마리아와 땅 끝까지 이르러 내 증인이 되리라"(행 1:8)

이 말씀을 마지막으로 하시고 그들이 보는 가운데 구름을 타고 승천하셨다. 제자들은 마가 다락방에 모여서 전혀 기도에 힘쓰고 있었다. 예수님이 부활하여 승천하는 장면을 본 사람들은 약 500여 명이었지만 마가 다락방에 모여서 기도에 힘쓴 사람들은 120명이었다.

드디어 저들이 기도에 힘쓰고 있을 때 10일 만에 마가 다락방에 성령이 임하셨다.

> "오순절 날이 이미 이르매 그들이 다같이 한 곳에 모였더니 홀연히 하늘로부터 급하고 강한 바람 같은 소리가 있어 그들이 앉은 온 집에 가득하며 마치 불의 혀처럼 갈라지는 것들이 그들에게 보여 각 사람 위에 하나씩 임하여 있더니 그들이 다 성령의 충만함을 받고 성령이 말하게 하심을 따라 다른 언어들로 말하기를 시작하니라"(행 2:1-4)

제자들이 성령을 받았다. 다른 보혜사이신 성령이 제자들에게 임하였던 것이다. 이는 예수님이 하나님 보좌에 앉으셨다는 증명이요, 사람 안에 하나님의 영이 들어오신다는 증명인 것이다. 구약 성경에도 성령의 감동을 받아서 하나님의 일을 한 사람들이 기록되어 있다. 그러나 오순절 마가 다락방에 임하신 성령과는 전혀 다른 것이다. 구약에 임하셨던 성령은 오서서 사람들을 감동해 주서서 예언도 하고 하나님의 능력도 주셨지만 일을 하시고는 언제든지 떠나셨다. 그러나 오순절 마가 다락방에 오신 성령은 믿는 사람 안에 들어오셔서 영원토록 함께 계시면서 하나님의 말씀을 가르치시고 말씀을 생각나게도 하시며 하나님의 놀라운 능력도 주시는 성령님이신 것이다.

"오직 성령이 너희에게 임하시면 너희가 권능을 받고 예루살렘과 온 유대와 사마리아와 땅 끝까지 이르러 내 증인이 되리라"(행 1:8)

예수님이 미리 약속하신 성령님이 드디어 그들에게 임하게 되자 그들은 방언을 하기 시작하였다. 그들도 알지 못하는 이상한 소리가 입에서 터져 나온 것이다. "따따따따, 랄랄랄라, 룰룰룰루, 바바바바!" 등 알지도 못하는 소리들이 그들의 입에서 터져 나온 것이다.

하나님의 영이 사람 안에 들어오는 것이다. 성령을 처음에 받을 때 방언이 터져 나오면 주체할 수가 없다. 눈물 콧물이 흘러나오고 알지도 못하는 소리가 터져 나오는데 주체할 수가 없어서 몇 시간이

나 그렇게 소리를 지르는 것이다. 다른 사람이 볼 때 '미쳤구나, 술 취했구나' 하기도 하고 또 어떤 사람들은 자기들의 말을 한다고 하기도 한다. 여러분도 사도행전 2장을 자세하게 읽어 보기 바란다. 성령이 임한 증거는 하나님의 능력이 나타나기 시작한다는 것과 알지도 못하는 방언이 터져 나온다는 것을 보면 알 수 있다.

지금까지의 내용을 정리해 보자.

하나님이신 예수님이 사람의 아들로 이 세상에 태어나셔서 사람처럼 사셨다. 30세가 되셔서 그분에게 성령이 임하시자 능력을 받고 마귀의 시험을 이기시고 복음을 전하기 시작하였다. 그러자 예수님이 가시는 곳마다 사람들이 구름처럼 밀려 왔다.

"성령이 너희에게 임하시면 너희가 권능을 받고." 제자들에게도 권능이 임하였다. 성령 받은 베드로가 설교를 하자 하루에 3천 명이나 예수를 영접하였다. 사도행전을 계속 읽어 보기 바란다. 성령 받은 제자들뿐만 아니라 성령 받은 집사들도 나가서 복음을 전할 때 붙어 있었던 귀신들이 떠나가고, 병든 자들이 치유되고, 예수를 믿게 되자 그들에게도 동일한 성령이 임하는 것을 볼 수 있다.

예수님이 가시는 곳마다 귀신이 쫓겨나고 병든 자가 고침을 받고 예수 앞에 나오는 것처럼, 성령 받은 제자들이 가는 곳마다 귀신이 쫓겨나고 병든 자가 고침을 받고 예수를 믿는 사람들이 수없이 많이 생겨났다.

"사도들의 손을 통하여 민간에 표적과 기사가 많이 일어
나매 믿는 사람이 다 마음을 같이하여 솔로몬 행각에 모이
고 그 나머지는 감히 그들과 상종하는 사람이 없으나 백성
이 칭송하더라. 믿고 주께로 나아오는 자가 더 많으니 남
녀의 큰 무리더라"(행 5:12-14)

예수님처럼, 예수님의 제자들처럼, 우리도 예수를 믿고 성령을 받
게 되면 그렇게 수많은 사람들을 전도할 수 있을까? 물론 그렇다. 누
구든지 예수를 믿고 성령을 받으면 예수님처럼, 제자들처럼, 수많은
사람들을 주님께 인도할 수 있게 된다.

"베드로가 이르되 너희가 회개하여 각각 예수 그리스도의
이름으로 침례를 받고 죄 사함을 받으라. 그리하면 성령의
선물을 받으리니 이 약속은 너희와 너희 자녀와 모든 먼
데 사람 곧 주 우리 하나님이 얼마든지 부르시는 자들에게
하신 것이라"(행 2:28-39)

예수를 주로 영접하면 구원을 받는다. 하나님의 자녀의 권세를
가지게 된다. 사도 베드로가 "주는 그리스도시요 살아 계신 하나님
이 아들입니다"라는 고백으로 구원을 받았다. 예수님은 그를 칭찬하
시며 "내가 이 고백(베드로) 위에 내 교회를 세우리라"고 하셨다. 예
수를 믿고 구원받은 사람들이 모인 곳이 바로 주님의 교회인 것이
다. 구원받은 하나님의 자녀들이 주의 일을 하기 위해서는 성령을

받아야 하는 것은 너무나 당연하다.

사람의 영 안에 하나님의 영이 들어오는 것이다. 어떤 사람들은 예수님을 믿고 처음 영접하는 순간에 성령이 임하기도 하지만, 대부분은 예수를 믿기로 결심하고 예수 영접기도를 하고 교회 생활을 하다가 일정 기간이 지난 후에 성령이 임하는 것을 볼 수 있다. 성령을 받기 전에는 예수를 믿고 신앙생활하기가 힘들기도 한다. 귀신을 쫓아내 보지도 못하고 어떤 기도는 바로 응답받기도 하지만 어떤 기도는 매달리고 기도해도 응답이 없기도 한다.

그러나 성령을 받고 난 후에는 저절로 예수님이 믿어진다. 저절로 예수님을 증거하기도 한다. 나도 모르는 방언이 입에서 터져 나온다. 성령의 아홉 가지 은사들이 임하기도 한다. 어제까지 살던 세상이 확 바뀌면서 온 세상이 하나님을 찬양하는 것을 느끼게 된다. 성경 말씀이 저절로 믿어진다.

그래서 예수님은 제자들에게 성령을 받으라고 하셨다. 성령을 받기 전에도 예수님이 직접 가르치고 훈련시켰던 제자들은 세상에 나가 복음을 전할 수도 있었다. 그러나 성령을 받기 전까지는 이 성을 떠나지 말고 기도하라고 하셨던 것이다. 성령을 받아야 예수님이 하신 일을 우리도 할 수 있기 때문이다. 성령을 받고 나야 '전도가 쉬워진다'. 성령님이 우리 안에 계시면서 예수님이 하신 말씀을 생각나게 하고 그 말씀을 확증해 주시기 때문이다.

성령은 예수님의 영이시다. 예수님이 세상 끝 날까지 함께 있겠다고 약속하신 것은 예수님이 영으로 우리와 함께 있겠다는 약속이다. 성령 받은 제자들에게 예수님은 함께 계신 것이다. 그래서 예수님이 함께 계신 증거를 기사와 표적으로 증거해 주시는 것이다.

✝

2부

확실하게 배워서
확실하게 전도하자

1. 당신은 과연 예수를 믿는 자인가?

당신은 예수 믿는 자인가? 당신 스스로 대답하는 것도 중요하지만 하나님께서 보시기애 당신이 예수 믿는 자인가가 더 중요하다. 하나님이 보시기에 당신이 예수 믿는 자라면 성경의 약속의 말씀처럼 당신에게서 표적이 따라야 할 것이다.

> "믿는 자들에게는 이런 표적이 따르리니 곧 그들이 내 이름으로 귀신을 쫓아내며 새 방언을 말하며 뱀을 집어올리며 무슨 독을 마실지라도 해를 받지 아니하며 병든 사람에게 손을 얹은즉 나으리라 하시더라" (막 16:17-18)
> "제자들이 나가 두루 전파할새 주께서 함께 역사하사 그 따르는 표적으로 말씀을 확실히 증언하시니라" (막 16:20)

만약 당신이 예수님을 믿고 산다고 하지만 성경의 약속의 말씀처럼 표적이 따르지 않는다면 당신은 무엇인가 잘못된 믿음을 가지고 있는 것이다.

교회를 다닌다고 다 예수를 믿는 것은 아니다. 매주 교회에 나가 예배에 참석하고 헌금을 하며 심지어 십일조 생활을 한다고 할지라도 그것으로 예수를 믿는다고 할 수 없다. 교회 모든 모임에 참석하고 봉사 활동과 구제 사역을 한다고 다 예수를 믿는 것은 아니다. 다만 종교 생활을 하는 것일 뿐이다. 많은 모태 신앙을 가진 사람들 중에 진정으로 예수를 믿지 않고 종교 생활을 하는 사람들이 많이 있다.

"사람이 마음으로 믿어 의에 이르고 입으로 시인하여 구원에 이르느니라" (롬 10:10)

그렇다면 예수를 믿는 것이 무엇인가? 무엇을 어떻게 믿어야 하는가?

첫째는 예수님이 내 대신에 십자가에서 죽으시고 삼일 만에 다시 부활하신 것을 믿는 것이다. 사람이 죽는 것은 죄 때문에 죽는 것이다. 그런데 예수님도 결국 죽고 말았다. 죄 없는 예수님이 십자가에서 죽으셨다고 할지라도 부활하시지 않았다면 복음이 되지 못했을 것이다. 결국은 예수님도 자기 죄 때문에 죽고 말았구나 하였을 것이다. 그런데 예수님은 죽은 지 삼일 만에 다시 부활하셨다.

"죄의 삯은 사망이요 하나님의 은사는 그리스도 예수 우리 주 안에 있는 영생이니라" (롬 6:23)
"우리는 그리스도 안에서 그의 은혜의 풍성함을 따라 그의 피로 말미암아 속량 곧 죄 사함을 받았느니라" (엡 1:7)

예수님이 이 땅에 오시기 전에는 죄 사함을 받기 위해서 속죄제를 드려야 했었다. 속죄제는 1년에 한 번 대속죄일에 집에서 길러서 정이 듬뿍 들었던 어린양을 자기 손으로 목을 따서 죽이는 행위이다. 어린양은 끽 소리도 안 하고 죽는다. 그러나 염소 새끼는 끽끽하며 발버둥 친다. 어린양을 안 길러 본 사람은 어린양이 얼마나 귀여운지 모른다. 사람을 얼마나 사랑하며 잘 따르는지 길러본 사람은 강아지를 기르는 것보다 훨씬 사랑하게 된다. 그렇게 사랑하던 어린양을 목을 따서 죽이며 이 어린양이 내 죄로 말미암아 내 대신에 죽는다는 것을 실감하는 것이다. 그런데 그 절차가 까다롭고 귀찮아서 성전에서 어린양을 사가지고 제사 지냈었다. 예수님은 이렇게 대속죄일에 어린양을 사서 파는 행위를 보시며 화가 나서 성전에서 3번이나 상을 엎으셨다(요 2:13-17, 마 21:12-16, 막 11:15-18).

"죄의 삯은 사망이요 하나님의 은사는 그리스도 예수 우리 주 안에 있는 영생이니라"(롬 6:23)

정이 듬뿍 들었던 어린양을 내 대신에 죽이는 것이 구약의 제사 제도였는데 하나님의 아들이신 예수님이 어린양이 되셔서 우리 인류의 모든 죄를 짊어지고 십자가에서 죽으신 것이다. 당신과 나의 모든 죄, 이 땅에 태어난 모든 사람들의 죄를 담당하시고 십자가에서 죽으신 것이다. 그리고 예수님이 십자가에서 죽고 말았다면 복음이 되지 못한다. 모든 사람들은 한 번은 다 죽게 되기 때문이다.

그런데 예수님은 십자가에 가시기 전에 분명히 약속하셨다. "내가 죽은 것은 너희 모든 사람들의 죄 값으로 죽지만 나는 죄가 없는 하나님의 아들이기 때문에 죽음을 이기고 살아날 것이다"라는 말씀을 하셨다.

"요나가 밤낮 사흘 동안 큰 물고기 뱃속에 있었던 것 같이 인자도 밤낮 사흘 동안 땅 속에 있으리라"(마 12:40)
"인자가 많은 고난을 받고 장로들과 대제사장들과 서기관들에게 버린 바 되어 죽임을 당하고 사흘 만에 살아나야 할 것을 비로소 그들에게 가르치시되"(막 8:31)

예수님이 십자가에서 죽으신 것과 삼일 만에 부활하신 것을 보면 우리의 모든 죄를 예수님이 담당하셔서 죽은 것을 확실하게 믿을 수 있다. 우리의 모든 죄는 예수님이 이미 다 용서해 주셨다. 그래서 우리는 죄 때문에 죽을 수가 없기에 영생을 가지게 되는 것이다.

"예수께서 이르시되 나는 부활이요 생명이니 나를 믿는 자는 죽어도 살겠고 무릇 살아서 나를 믿는 자는 영원히 죽지 아니하리니 이것을 네가 믿느냐"(요 11:25-26)

둘째는 예수님이 십자가에서 처형당하시기 전에 채찍에 맞으신 것을 믿는 것이다,

"친히 나무에 달려 그 몸으로 우리 죄를 담당하셨으니 이는 우리로 죄에 대하여 죽고 의에 대하여 살게 하려 하심이라 그가 채찍에 맞음으로 너희는 나음을 얻었나니" (벧전 2:24)

"그가 찔림은 우리의 허물 때문이요 그가 상함은 우리의 죄악 때문이라 그가 징계를 받으므로 우리는 평화를 누리고 그가 채찍에 맞으므로 우리는 나음을 받았도다" (사 53:5)

예수님이 "내가 하나님의 아들이다"라고 말씀하시자 신성 모독이라고 유대인들이 예수님을 죽이려 하였으나 당시에 이스라엘은 로마의 지배를 받고 있었기 때문에 그들에게 심판권이 없어서 로마 총독인 빌라도에게 고소를 하였던 것이다. 빌라도는 예수님을 심문하였으나 죄를 찾을 수가 없어서 채찍의 형벌만 하려고 채찍을 치라고 명령하였다. 로마 병정의 채찍은 채찍에 쇠방울을 달아서 한 번 칠 때마다 살이 갈라지고 피투성이가 되는 형벌이었다. 예수님은 그러한 채찍을 40대나 맞으신 것이다. 성경은 이 사실을 미리 예언되어 있고 또 기록하고 있는 것이다.

그런데 성경은 분명하게 우리에게 알려 주고 있다. "예수님이 채찍에 맞으신 것은 우리의 모든 질병을 담당하시기 위한 것이다"라고. 우리가 아파야 하는 모든 질병과 고통을 예수님이 다 담당하셨던 것이다. 이 사실을 믿으면 우리의 질병이 치유된다. 수많은 사람들이 예수님이 나의 모든 질병을 담당하셨다는 것을 믿기만 하면 모든 질병에서 치유되는 것을 경험하게 되는 것이다.

셋째는 예수님께서 우리의 가난을 담당하시고 부유를 주심을 믿는 것이다.

> "우리 주 예수 그리스도의 은혜를 너희가 알거니와 부요
> 하신 이로서 너희를 위하여 가난하게 되심은 그의 가난
> 함으로 말미암아 너희를 부요하게 하려 하심이라" (고후
> 8:9)

하나님의 아들이신 예수님이 이 땅에 오셨을 때 지독히 가난하게 사셨다. 처녀가 잉태하여 아들을 낳은 것도 지금이나 당시나 부끄러운 일이다. 그러나 마리아의 정혼남인 요셉이 경건한 사람으로 남들에게는 그 사실을 숨겼다. 그리고 그 요셉은 나사렛 사람이었다.

나사렛이라는 동네는 갈릴리 호수에서 서쪽에 있는 약 400미터의 산속이다. 비옥한 땅이 있는 곳도 아니고 숲이 우거진 산도 아니다. 별로 볼 것이 없는 마을이기 때문에 빌립이 "나사렛에서 무슨 선한 것이 나오겠느냐"라고 업신여긴 곳이었다. 그 산속 시골 마을에서 목수인 요셉을 아버지로 모시고 살았던 것이다. 그래서 예수님은 아주 가난하게 살 수밖에 없었다. 이것이 우리에게 복음이 되었다. 천지를 주관하시는 하나님의 아들이시면서도 우리를 위하여 이렇게

가난하게 사셨다. 그의 가난함으로 우리가 부요를 누리게 되었다는 것이다.

우리가 예수를 믿는 것은 이 세 가지를 믿고 주장해야 하는 것이다. 믿고 주장하면 그대로 이루어진다. '믿음은 바라는 것의 실상'이기 때문이다. 죽어야 할 인간이 영원히 살 수 있다는 것과 우리가 당할 고통, 아픔, 질병을 예수님이 다 담당하셔서 우리는 건강하게 살 수 있다는 것과 우리가 이 땅에 살면서 부요를 누리며 살 수 있다는 것이 바로 복음이다. 우리는 이 복음을 전하는 것이다.

지금까지 예수를 믿는다고 하면서 이 세 가지의 축복을 받아 누리지 않고 있다면 당신의 믿음은 무엇인가 잘못되어 있다. 성경에 기록된 예수님의 말씀을 잘못 알고 있거나 잘못 믿고 있는 것이다. 당신은 예수님을 믿을 때 이 복음을 정말로 받아들였는가? 확실치 않다면 지금 이 시간에 예수 영접기도를 하기 바란다.

그렇다면 예수 영접기도는 어떻게 해야 하는가?

"하나님 아버지, 나는 어디서 와서 어디로 가는지도 모르고 살았던 죄인이었습니다. 이제 예수 그리스도께서 나의 모든 죄를 담당하시고 십자가에서 죽으셨다가 삼일 만에 부활하셨다는 사실을 믿습니다. 예수님께서 채찍에 맞으심으로 나의 모든 아픔과 질병을 담당하셨다는 것도 믿습니다. 예수님은 하나님의 아들이시지만 이 땅에 사실 때는 시골 산촌에서 목수의 아들로 가난하게 사심으로 나에게 부요를 주신 것을 믿습니다.

예수님을 나의 구주로 영접합니다. 이제부터 영원토록 예수님을 믿고 살겠습니다.

나에게 영생을 주심을 감사합니다. 나에게 건강을 주심을 감사합니다. 나에게 부요를 주심을 감사합니다. 나는 하나님이 아들이 되었습니다.

예수님의 이름으로 기도합니다. 아멘."

구원은 예수 그리스도를 믿음으로만 받는다. 예수 그리스도께서 십자가에서 이루신 것을 믿고 예수를 구주로 영접하여야 구원을 받는 것이다.

> "사람이 의롭게 되는 것은 율법의 행위로 말미암음이 아니요 오직 예수 그리스도를 믿음으로 말미암는 줄 알므로 우리도 그리스도 예수를 믿나니 이는 우리가 율법의 행위로써가 아니고 그리스도를 믿음으로써 의롭다 함을 얻으려 함이라 율법의 행위로써는 의롭다 함을 얻을 육체가 없느니라"(갈 2:16)

예수님 당시에 유대인들은 하나님께서 모세에게 주신 율법을 지켜야 구원을 받는다고 믿고 있었다. 그들은 하나님께서 모세를 통해서 율법을 주신 목적을 모르고 있었다. 그들은 자기들이 율법을 잘

지켰기 때문에 자기들만 구원을 받는다고 믿고 있었다. 그래서 율법을 알지도 들어 보지도 못한 이방인들은 구원받을 수 없는 하나님께 버림받은 불쌍한 존재들로 여겼다.

율법은 죄를 깨닫게 하기 위해 주어진 것이다. 사람들이 죽는 이유를 모르는 그들에게 모든 사람들이 죄 때문에 죽게 된다는 것을 알려 주기 위해서 율법을 주신 것이다. 그러나 유대인들은 자기들만이 선민이고 자기들만이 율법을 알고 행하기 때문에 구원받는다고 믿고 있었다.

이러한 유대인들에게 예수님은 율법을 다시 해석해 주었다. 아무도 율법을 행할 수 있는 사람은 없다는 것을 알려 주신 것이다. 마음으로 짓는 죄도 역시 죄라고 알려 주신 것이다. 미워하지 말라, 살인하지 말라, 네 이웃의 것을 도적질하지 말라 등등. 이러한 율법을 지키는 사람은 이 세상에 아무도 없다는 것을 알려 주신 것이다. 그래서 모든 사람은 다 율법의 정죄를 받아 다 죽게 된다고 알려 주신 것이다.

그렇다면 율법의 목적은 무엇인가? 인간의 노력으로는 구원받을 수가 없다는 것을 알려 주신 것이다. 그래서 하나님께서 어린양으로 예수님을 세상에 보내 주시고 매년 드리는 속죄제 대신에 예수님을 십자가에서 죽임으로 영원한 속죄를 하신 것이다.

그래서 결국은 하나님이 율법을 모세를 통해서 유대인들에 주신 것은 너희들의 힘으로는 아무도 구원받지 못하니까 임시변통으로 어린양을 잡아 제사를 드리고 있어라. 때가 되면 하나님의 어린양이 너희들의 모든 죄를 대신해서 십자가에서 죽게 되는데 그제야 너희들의 모든 죄가 사함을 받게 된다. 하나님의 어린양이신 예수님이 십자가에서 죽은 것이 너희들의 영원한 속죄제가 되느니라. 너희들은 십자가에서 너희들의 죄를 대속하기 위해 죽은 예수님을 믿기만 하면 구원을 받는다고 알려 주신 것이다.

그렇다면 율법이 없는 이방인들은 어떻게 구원을 받는가?

율법이 있는 유대인들도 율법으로 정죄가 되어 죽게 되지만, 율법이 없는 이방인들도 하나님께서 인간의 마음속에 넣어 주신 양심이 기준이 되어 정죄를 받게 되는 것이다.

"무릇 율법 없이 범죄한 자는 또한 율법 없이 망하고 무릇 율법이 있고 범죄한 자는 율법으로 말미암아 심판을 받으리라. 하나님 앞에서는 율법을 듣는 자가 의인이 아니요 오직 율법을 행하는 자라야 의롭다 하심을 얻으리니 (율법 없는 이방인이 본성으로 율법의 일을 행할 때에는 이 사람은 율법이 없어도 자기가 자기에게 율법이 되나니 이런 이들은 그 양심이 증거가 되어 그 생각들이 서로 혹은 고발하며 혹은 변명하여 그 마음에 새긴 율법의 행위를 나타내느니라) 곧 나의 복음에 이른 바와 같이 하나님이 예수 그

리스도로 말미암아 사람들의 은밀한 것을 심판하시는 그
날이라"(롬 2:12-16)

율법을 가지고 있었던 유대인들도, 율법이 모르고 있었던 이방인
들도 모두 다 죽게 되는 것은 죄인이기 때문이다 고 알려 주신 것이
다. 결국 인간의 노력으로는 아무도 구원을 받을 수 없다. 누구나 멸
망할 수밖에 없다. 이러한 인간들을 구원하시려고 하나님께서 예수
님을 세상에 보내 주신 것이다. 예수님이 이 땅에 하나님의 어린양
으로 오셔서 우리의 모든 죄를 담당하시고 죽으셨기 때문에 더 이상
우리의 죄는 없어진 것이다. 예수를 믿는 자마다 죽지 않고 영생을
받게 되는 것이다.

"하나님이 세상을 이처럼 사랑하사 독생자를 주셨으니 이
는 그를 믿는 자마다 멸망하지 않고 영생을 얻게 하려 심
이라"(요 3:16)

2. 성령을 받으라

우리는 삼위일체 하나님을 믿는다. 천지를 창조하신 하나님 아버지, 그의 외아들 예수님, 그리고 영으로 우리에게 오신 성령님을 믿는 것이다. 인간인 우리가 삼위일체의 신비한 교리를 완전히 이해하기는 불가능하다. 왜냐하면 하나님의 영역은 4차원의 세계이기 때문이다. 한 분이신 하나님이 어떤 때는 성부 하나님으로, 어떤 때는 성자 하나님으로, 또 어떤 때는 성령 하나님으로 나타나시기도 하고 또는 함께 역사하기도 하는지 3차원의 세계에 살고 있는 인간은 이해할 수 없는 것이다.

우리가 쉽게 이해하기는 구약에서는 성부 하나님이, 신약에서는 성자 예수님이, 그리고 오늘날 은혜 시대에는 성령 하나님이 역사하신다고 믿기도 하지만 이것도 삼위일체 하나님을 완전히 설명하는 것은 아니다.

성령님은 하나님의 영이시다. 성령님은 구약에서나 신약에서도 활동하신다. 그러나 예수님께서 말씀하신 '성령을 받으라'고 하신 것은 성령의 활동을 말하는 것이 아니다. 구약에서 성령님은 사람 밖에서 감동을 주셔서 활동하신 것이고, 신약에서 예수님이 성령을 받으라고 하신 말씀은 성령님을 우리 안에 모셔 들이라고 하신 말씀이다.

예수님을 믿고 구주로 영접하는 자는 다 구원을 받게 되고 하나님의 자녀가 된다. 예수 믿는 모든 자들은 시몬 베드로가 말하는 것처럼 "주는 그리스도시요 살아계신 하나님의 아들이시니이다"라고 고백하는 것이다. 당신은 예수님이 당신을 구원하신 하나님의 아들로 믿고 있는가? 그렇다면 당신은 분명히 구원받은 자다. 예수님의 제자들도 분명히 예수님이 그리스도시요, 살아 계신 하나님의 아들로 믿고 있었다. 예수님의 제자들은 분명히 구원받은 하나님의 자녀들인 것이다.

그런데 예수님께서 3년 반을 데리고 다니시며 훈련시켰던 제자들에게 성령을 받으라고 명령하신 이유는 무엇일까?

예수님은 30세 전까지는 우리와 똑같이 별로 능력을 행하지 않으셨다. 그러나 30세에 침례 요한에게 세례를 받을 때 성령이 임하셨다. 그리고 성령에 이끌리어 광야에서 마귀의 시험을 물리치시고 능력 있는 사역을 시작하신 것이다(마 3:16-17). 육신을 입으신 예수님도 항상 성령과 함께 일하시며 성령의 지시를 받고 사역하셨다.

예수님의 제자들도 예수님과 함께 거하면서 예수님의 사역을 보고 배웠지만 예수님은 그들에게 성령을 받아야 너희가 복음을 전할 수 있다고 하시며 성령을 받을 때까지 기다리라고 하셨다. 그들이 오순절에 성령을 받자마자 그들은 성령 충만하여 담대하게 설교를 하고 담대하게 전도하며 따르는 표적으로 사역을 하였던 것이다.

예수님에게 직접 배우지 못했던 바울은 당시에 가장 높은 학식을 가진 사람이었다. 그런 그가 성령을 받고 거듭난 후에는 세상 지식을 하찮은 것으로 여기고 오직 성령의 능력과 지시를 받고 사역을 하였다.

> "내 말과 내 전도함이 설득력 있는 지혜의 말로 하지 아니
> 하고 다만 성령의 나타나심과 능력으로 하여 너희 믿음이
> 사람의 지혜에 있지 아니하고 다만 하나님의 능력에 있게
> 하려 하였노라"(고전 2:4)

세계적인 사역자 조용기 목사님도 항상 성령을 모시고 사역을 하신다고 하였다. 그는 항상 설교를 할 때 "성령님, 제가 설교를 합니다. 저와 함께하옵소서"라고 말하고 설교하며 기도한다고 하였다. 단일교회로는 가장 많은 선교를 하는 미국 은혜한인교회 김광신 목사님도 주일 예배 전에 성령님이 함께하시기를 간절히 원해서 집중적으로 방언기도를 하였다.

기사와 표적이 나타나려면 성령 충만해서 성령님이 나를 통해서 말씀하시게 해야 한다. 사도행전에서 스데반 설교도 성령 충만해서 (행 6:10), 빌립도 성령에 이끌려서(8:29), 베드로도 성령 충만해서

앉은뱅이를 일으키고 한 번의 설교에 3천 명이 회개하고 주께 돌아왔다. 성령 충만하면 기사와 표적이 나타나서 수많은 사람들이 주께 돌아오는 것이다.

그런데 오늘날 예수 믿고 구원받은 하나님의 자녀들도 성령 받는 것을 잘 모르고 있다. 그들은 성령 받는 것에 대해서 모르기 때문에 자기도 성령 받았겠지 생각하며 성령 받은 체험도 없이 지내고 있기 때문이다. 그 이유는 목회를 하는 일부 목사들이 신학교에서 잘못 배웠기 때문에 성령 받는 것을 가르치지 않기 때문이다.

"그러므로 내가 너희에게 알리노니 하나님의 영으로 말하는 자는 누구든지 예수를 저주할 자라 하지 아니하고 또 성령으로 아니하고는 누구든지 예수를 주시라 할 수 없느니라"(고전 12:3)

사람들이 예수를 주님이라고 할 수 있는 것은 물론 성령이 아니고는 할 수 없다. 그래서 '예수를 주님이라고 부르는 모든 사람들은 성령을 받은 것이다'라고 잘못 가르치고 있는 사람들이 있다. 이렇게 잘못 가르치고 있는 신학교도 많이 있기 때문에 잘못 배운 목사들이 예수만 믿으면 성령은 당연히 우리 안에 들어오신다고 믿게 만드는 것이다.

예수님이 제자들에게 성령을 받으라고 하신 성령님은 예수님이 부활승천 하신 후에 보내 주신 '다른 보혜사이신 하나님의 영'이시다. 예수를 믿고 구원받은 제자들에게 예수님은 성령을 받으라고 명령하셨다.

> "사도와 함께 모이사 그들에게 분부하여 이르시되 예루살렘을 떠나지 말고 내게서 들은 바 아버지께서 약속하신 것을 기다리라. 요한은 물로 침례를 베풀었으나 너희는 몇 날이 못 되어 성령으로 침례를 받으리라 하셨느니라" (행 1:4-5)
>
> "나를 믿는 자는 성경에 이름과 같이 그 배에서 생수의 강이 흘러나오리라 하시니 이는 그를 믿는 자들이 받을 성령을 가리켜 말씀하신 것이라(예수께서 아직 영광을 받지 않으셨으므로 성령이 아직 그들에게 계시지 아니하시더라)" (요 7:38-39)
>
> "볼지어다 내가 내 아버지께서 약속하신 것을 너희에게 보내리니 너희는 위로부터 능력으로 입혀질 때까지 이 성에 머물라 하시니라" (눅 24:49).

예수님께서 보좌에 앉으신 후에 우리에게 성령을 보내 주신다는 약속이다. 예수님이 부활하신 후 40일 동안 제자들과 함께 계시다가 승천하신 후 10일 만에 성령이 임하셨다.

> "오직 성령이 너희에게 임하시면 너희가 권능을 받고 예

루살렘과 온 유대와 사마리아와 땅 끝까지 이르러 내 증인
이 되리라 하시니라"(행 1:8)

사도행전 2장에 드디어 오순절 마가 다락방에 모여서 기도하던
120명의 성도들에게 성령이 임하였다. 그들은 예수님의 말씀대로
권능을 받게 되어 예루살렘과 온 유대와 사마리아와 땅 끝까지 이르
러 예수의 증인이 되어 오늘날 온 세계에 복음이 전파된 것이다,

그렇다면 오순절 성령 강림 이후에도 예수 믿을 때 따로 성령을
받아야 하는가? 사도행전 2장에 베드로의 설교 가운데 이 대답이 들
어 있다.

> "그들이 이 말을 듣고 마음에 찔려 베드로와 다른 사도들
> 에게 물어 이르되 형제들아 우리가 어찌할꼬 하거늘 베드
> 로가 이르되 너희가 회개하여 각각 예수 그리스도의 이름
> 으로 침례를 받고 죄 사함을 받으라 그리하면 성령의 선물
> 을 받으리니 이 약속은 너희와 너희 자녀와 모든 먼 데 사
> 람 곧 주 우리 하나님이 얼마든지 부르시는 자들에게 하신
> 것이라 하고"(행 2:37-39)

예수 믿고 침례를 받고 죄 사함을 받게 되면 성령을 선물로 받게
된다는 말이다. 그런데 오순절 이후에는 예수를 믿으면 성령은 선
물로 임하게 되기 때문에 성령을 따로 받을 필요가 없다고 해석하여

성령 받기를 구하지 아니해도 된다고 주장하는 사람들이 있다. 과연 그럴까?

사도행전은 성령 받은 사도들이 어떤 일을 했는가를 기록한 책이다. 그리고 사도행전을 기록한 사도는 의사인 누가다. 누가는 누가복음을 기록하고 사도행전을 기록했다.

> "데오빌로여 내가 먼저 쓴 글에는 무릇 예수께서 행하시며 가르치시기를 시작하심부터 그가 택하신 사도들에게 성령으로 명하시고 승천하신 날까지의 일을 기록하였노라" (행 1:1-2)

먼저 쓴 글은 누가복음을 말하며 이제부터는 성령 받은 사도들이 무슨 일을 했는가를 기록하겠다고 하면서 기록한 내용이 사도행전이다. 의사인 누가는 사도 바울과 동행하며 바울을 치료하였다.

의사인 누가는 그냥 믿음으로만 책을 쓴 것이 아니라, 과학적 사실을 바탕으로 확실한 것을 기록하였다. 누가가 기록한 사도행전에서는 분명히 예수 믿는 것과 성령 받는 것은 다르다고 기록하고 있다.

사도행전 2장에 예루살렘에 있는 마가 다락방에 120 성도들에게 성령이 임한 사건이다. 120명의 성도들은 이미 예수를 믿고 침례를 받은 성도들이다. 그들에게 예수님의 약속의 말씀이 임한 것이다.

사도행전 8장에서는 사마리아 성에서 빌립 집사가 전도하여 많은 사람들이 예수를 믿고 침례를 받았다. 그러나 그들이 성령을 받지 못했기 때문에 빌립집사는 베드로와 요한을 초청하였다. 그들이 내려가서 안수하매 그들에게 성령이 임하였다. 오순절 이후에도 분명히 예수 믿고 구원받은 것과 성령을 받은 것은 다르다고 기록하고 있다.

> "빌립이 하나님 나라와 및 예수 그리스도의 이름에 관하여 전도함을 그들이 믿고 남녀가 다 침례를 받으니 예루살렘에 있는 사도들이 사마리아도 하나님의 말씀을 받았다 함을 듣고 베드로와 요한을 보내매 그들이 내려가서 그들을 위하여 성령 받기를 기도하니 이는 아직 한 사람에게도 성령 내리신 일이 없고 오직 주 예수의 이름으로 침례만 받을 뿐이더라. 이에 두 사도가 그들에게 안수하매 성령을 받는지라" (행 8:12-17)

사도행전 19장에는 에베소교회에 예수 믿고 침례 받고 성령 받는 것이 기록되어 있다. 에베소교회는 아볼로가 복음을 전해서 예수를 믿고 있었다. 그러나 요한의 침례를 받았다는 것을 알고 바울이 예수를 증거하고 그들이 예수를 믿고 침례를 받았다. 그리고 그들에게 안수할 때 성령이 임하였다고 기록하고 있다.

> "아볼로가 고린도에 있을 때에 바울이 윗 지방으로 다녀

에베소에 와서 어떤 제자들을 만나 이르되 너희가 믿을 때에 성령을 받았느냐? 이르되 아니라 우리는 성령이 계심도 듣지 못하였노라. 바울이 이르되 그러면 너희가 무슨 침례를 받았느냐 대답하되 요한의 침례니라. 바울이 이르되 요한이 회개의 침례를 베풀며 백성에게 말하되 내 뒤에 오시는 이를 믿으라 하였으니 이는 곧 예수라 하거늘, 그들이 듣고 주 예수의 이름으로 침례를 받으니 바울이 그들에게 안수하매 성령이 그들에게 임하시므로 방언도 하고 예언도 하니 모두 열두 사람쯤 되니라" (행 19:1-7)

사도행전 9장에는 바울에게 성령이 임하여 주의 제자로 만드는 사건이 기록되어 있다. 바울이 예수 믿는 사람들을 체포하기 위해 다메섹으로 가는 길에 예수님을 만났다. 너무나 강한 빛 때문에 그의 눈이 멀게 되었다. 바울은 성경에 능통한 자이기 때문에 내가 핍박하는 예수가 참메시아인 것을 깨닫고 예수를 영접한 후 예수님의 인도함으로 아나니아를 만나서 성령을 받게 된 내용이다.

"아나니아가 떠나 그 집에 들어가서 그에게 안수하여 이르되 '형제 사울아 주 곧 네가 오는 길에서 나타나셨던 예수께서 나를 보내어 너로 다시 보게 하시고 성령으로 충만하게 하신다' 하니 즉시 사울의 눈에서 비늘 같은 것이 벗어져 다시 보게 된지라 일어나 침례를 받고 음식을 먹으매 강건하여지니라" (행 9:17-19)

사도행전 10장에는 고넬료 가정에 성령이 임하는 사건은 조금 순서가 다르다. 예수 믿고 침례를 받고 안수할 때 성령이 임하는 것이 아니라 그들이 베드로의 설교를 들으면서 예수를 마음으로 믿기 시작했을 때 성령이 임하였다. 그래서 베드로가 그들에게 침례를 행하였다.

> "베드로가 이 말을 할 때에 성령이 말씀 듣는 모든 사람에게 내려오시니 베드로와 함께 온 할례 받은 신자들이 이방인들에게도 성령 부어 주심으로 말미암아 놀라니 이는 방언을 말하며 하나님 높임을 들음이러라" (행 10:44-46)

고넬료 가정의 성도들처럼 예수를 마음으로 믿을 때 성령이 임한다면 얼마나 좋겠는가? 그러나 그러한 경우는 거의 드물다.

대부분 모든 사람들은 전도를 통하여 예수를 믿고 영접한다. 그리고 침례를 받는다. 침례를 받는다는 것은 마음으로 믿을 뿐만 아니라 행동으로도 예수를 믿는다는 고백인 것이다. 또는 모태 신앙을 가진 사람들은 어렸을 때부터 부모 따라 교회에 다닌다. 듣고 배운 것이 교회 생활이기 때문에 자기들도 예수를 믿는다고 당연히 생각하며 살고 있다가 나이가 되어 침례를 받고 교회 생활을 한다. 그러다가 어떤 계기가 되어 성령을 받게 된다.

성령 받기 전과 후의 믿음은 완전히 다르다. 성령 받기 전까지는 내 의지로 예수를 믿는다. 그러므로 때로는 예수가 안 믿어지기도 하고 정말로 하나님이 계신가 하는 의심도 들게 된다. 그러나 성령을 받고 난 후에는 성령님이 내 안에서 예수를 증거해 주기 때문에 예수를 확실하게 믿게 된다. 지금까지 살아왔던 세상이, 지금까지 보아왔던 세상이 완전하게 달라지고 세상 어디를 보아도 하나님이 살아계심을 확실하게 믿게 된다. 그리고 감격하여 며칠 동안 눈물, 콧물을 흘리며 하나님께 감사하며 지내기도 하고, 나도 모르는 방언이 입에서 터져 나와 몇 시간이고 방언을 하기도 한다.

성령을 받았는지 안 받았는지 모르는 것이 아니라 본인들도 알고 옆에 사람도 알게 성령은 오시는 것이다. 자기가 성령을 받은 경험이 없다면 아직 성령을 받은 것이 아니다. 성령 받기를 원하고 간절히 기도하여 성령을 받으라.

3. 영의 기도를 하라

성령 받은 증거로 하나님께서는 방언을 주신다. 물론 성령 받은 증거는 수없이 많이 있다. 하나님의 영이 인간인 우리 영 안에 들어오시는 순간이기 때문에 지금까지 경험해 보지 못한 수많은 사건을 경험하기도 한다. 방언을 하고, 예언도 하고, 하나님을 높이기도 하고, 불치의 병이 치유되기도 한다. 그러나 그중에서 공통적으로 나타나는 것은 방언이다. 방언의 중요성에 대해서 설명해 보자.

성령이 임한 후에 "따따따다", 또는 "랄랄랄라", "바라바라바라바라" 등 전혀 알아들을 수 없는 이상한 소리가 입에서 나온다. 처음에는 성령 체험으로 흥분되어 몇 시간이고 그런 이상한 소리를 하다가 방언의 귀중함을 모르게 되면 스스로 자제하게 되고 결국 재미가 없어서 방언을 안 하게 된다.

그러나 방언이 성령이 임한 증거로 하나님께서 주신 것일 뿐 아니라 성령 충만을 유지하는 데 엄청 중요하며 성령의 모든 은사들이 임하는 기초가 된다는 사실을 알아야 한다.

"방언을 말하는 자는 사람에게 하지 아니하고 하나님께

하나니 이는 알아듣는 자가 없고 영으로 비밀을 말함이
라" (고전 14:2)

하나님께서 주신 방언은 사람이 알아듣는 자가 없고 내 영이 하
나님께 비밀을 말하는 것이다. 그래서 사람도 알아듣지 못하지만 마
귀도 알아듣지 못한다. 귀신들을 쫓을 때도 방언으로 기도하는 것이
매우 효과적이다. 다니엘이 기도를 하였으나 응답이 21일 만에 왔
다. 마귀가 방해하여 늦어졌던 것이다. 그러나 방언으로 기도하면
마귀가 알아듣지 못하기 때문에 방해할 수가 없다.

초대교회 때에는 방언이 있었지만 지금은 방언이 없어졌다고 주
장하는 사람들이 간혹 있다. 성경을 잘못 해석하여 은사 중지론을
주장하는 사람들이다. 은사 중지론을 말하는 사람들은 다음의 성경
구절을 인용한다.

"사랑은 언제까지나 떨어지지 아니하되 예언도 폐하고 방
언도 그치고 지식도 폐하리라. 우리는 부분적으로 알고 부
분적으로 예언하니 온전한 것이 올 때에는 부분적으로 하
던 것이 폐하리라" (고전 13:8-10)

온전한 것이 올 때 부분적으로 하던 은사가 폐한다고 하였다. 그
래서 예언도 폐했고 방언도 그쳤다는 것이다. 그들은 온전한 것을
성경이 완성될 때라고 잘못 생각한 것이다.

"우리가 지금은 거울로 보는 것 같이 희미하나 그 때에는 얼굴과 얼굴을 대하여 볼 것이요 지금은 내가 부분적으로 아나 그 때에는 주께서 나를 아신 것 같이 내가 온전히 알리라"(고전 13:12)

온전한 것이 올 때는 주님을 직접 만나 보게 될 때라고 분명히 기록하였다. 우리가 주님 앞에 휴거되어 갔을 때나, 아니면 주님이 직접 재림하셔서 얼굴과 얼굴을 볼 수 있는 때라고 분명히 말하고 있다. 그러므로 지금도 고린도전서 12장의 은사들은 계속 나타나고 있는 것이다.

또한 방언을 반대하는 사람들 가운데 일부는 마귀의 방언이라고 주장하는 사람들도 있다. 그러나 성경 어디에도 마귀가 방언을 한다는 말은 없다. 비록 사람이 듣기에 이상하다고 할지라도 방언은 알아듣는 말이 아닌 것을 알아야 한다. 방언을 계속하게 되면 방언의 소리도 많이 바뀌게 되며 유창한 방언을 하게 된다.

또한 각종 방언을 말한다고 할 때 그 각종 방언은 어느 민족의 언어라고도 한다. 물론 성경에 각종 방언을 말한다고 기록된 경우도 있다. 각종 방언과 표적 방언은 분명히 다르다.

사도행전 2장에서 다른 언어들로 말하기 시작했다고 기록되었다. 그러자 큰 무리가 모여 각각 자기의 방언으로 제자들이 말하는 것을 듣고 소동하였다고 한다. 물론 방언은 하나님이 역사하신 특별한 언어로 배우지 못했던 다른 나라 말을 했다는 사람들도 있다. 또는 알아듣지 못한 다른 나라 말을 자기 나라 말로 알아듣게 하는 것도 방언의 은사이다.

미국 은혜한인교회에서 실제 일어난 사건이다. 미국에 이민 온 월남 사람들은 각 가정에 자기 나라 신(神)을 모셔 두고 섬기고 있다. 월남 여인과 결혼했던 한국인 남편이 어느 날 집회에 참석하여 성령을 받고 기뻐했다. 그리고 한국말을 전혀 알아듣지 못한 월남 여인이 한국인인 남편의 권유로 예배에 참석했다가 김광신 목사님의 한국말 설교를 알아듣고 회개하며 성령을 받은 사건이다. 그 여인은 예배에 참석하며 목사님의 설교를 알아듣고 은혜 충만하였지만 3개월이 지난 후에는 전혀 알아듣지 못하였다. 그래서 그들은 교회를 떠났지만 남편이 신학교를 다니고 목사가 되는 데 적극 협조하여 부부가 월남 교회를 세워 열심히 주님을 섬기고 있다.

이와 같이 방언은 전혀 알아듣지 못한 이상한 소리로 들리기도 하지만 자기 나라 말로 들리기도 하고 전혀 배우지 못한 어느 나라 말을 하기도 한다.

고린도전서를 기록한 사도 바울은 누구보다도 방언을 많이 하는 것을 자랑한다고 하였다. 이것은 외국어를 많이 안다는 것이 아니라 성령 받고 터진 알아듣지 못한 이상한 언어인 방언을 말한다. 알아듣지 못한 이상한 소리인 방언을 말하는 것을 사도 바울은 "영의 기도"라고 하였다. 내 영이 하나님께 기도하는 것이다.

"내가 만일 방언으로 기도하면 나의 영이 기도하거니와
나의 마음은 열매를 맺지 못하리라. 그러면 어떻게 할까
내가 영으로 기도하고 또 마음으로 기도하며 내가 영으로
찬송하고 또 마음으로 찬송하리라" (고전 14:14-15)

마음의 기도는 10분도 하기 힘들다. 그리고 마음의 기도는 내가 원하는 것을 기도하기 때문에 무엇을 기도해야 할지 모를 때도 있다. 그러나 영의 기도는 내 영이 마땅히 빌 바를 하나님께 하기 때문에 얼마든지 할 수 있다. 사도 바울은 이렇게 방언 기도를 하기 위해 기도처소를 찾아다니기도 하였다.

그리고 예수님께서는 시험에 들지 않게 한 시간은 기도하라고 하셨다. 그리고 귀신을 쫓아내기 위해서는 반드시 기도를 많이 하여야 한다고 하셨다.

"제자들에게 오사 그 자는 것을 보시고 베드로에게 말씀
하시되 너희가 나와 함께한 시간도 이렇게 깨어 있을 수
없더냐? 시험에 들지 않게 깨어 기도하라 마음에는 원이
로되 육신이 약하도다" (마 26:40-41)
"집에 들어가시매 제자들이 조용히 묻자오되 우리는 어찌

하여 능히 그 귀신을 쫓아내지 못하였나이까?) 이르시되
기도 외에 다른 것으로는 이런 종류가 나갈 수 없느니라
하시니라" (막 9:28-29)

매일 한 시간 이상씩 영의 기도를 하면 시험에 들지 않는다. 그리고 귀신을 쫓아내고 병든 자를 고치는 사역을 하시는 분들은 매일 3시간씩 영의 기도를 하여야 한다. 한국 교회성장연합회 대표회장이신 오광석 목사님께서 운영하시는 트리플 신앙세미나에서는 특별히 영의 기도를 많이 강조하였다. 평신도들은 하루에 한 시간, 사역자들은 하루에 3시간, 그리고 일주일에 7시간 돌파기도를 하도록 권유하고 있다. 이렇게 영의 기도를 매일 하게 되면 귀신이 쫓겨나고 병든 자가 치유되는 표적이 저절로 따르게 된다.

4. 성령의 은사를 활용하라

그리고 방언 기도가 필요한 이유는 성령의 은사들이 방언 기도를 하는 가운데 나타나기 때문이다. 성령의 아홉 가지 은사들은 방언 기도 가운데 임하게 된다는 것을 알아야 한다. 방언의 은사는 모든 은사의 기초가 된다는 사실이다.

> "각 사람에게 성령을 나타내심은 유익하게 하려 하심이
> 라. 어떤 사람에게는 성령으로 말미암아 지혜의 말씀을,
> 어떤 사람에게는 같은 성령을 따라 지식의 말씀을, 다른
> 사람에게는 능력 행함을, 어떤 사람에게는 예언함을, 어떤
> 사람에게는 영들 분별함을, 다른 사람에게는 각종 방언 말
> 함을, 어떤 사람에게는 방언들 통역함을 주시나니, 이 모
> 든 일은 같은 한 성령이 행하사 그의 뜻대로 각 사람에게
> 나누어 주시는 것이니라"(고전 12:7-11)

아홉 가지의 은사를 구분하면 세 가지로 요약할 수 있다. 분별의 은사, 능력의 은사, 언어의 은사로 구분할 수 있다.

1) 분별의 은사: 하나님의 눈

분별의 은사들(지식의 말씀, 지혜의 말씀, 영들 분별함)은 초자연적인 통찰을 할 수 있는 은사들이다. 이러한 은사를 가지게 되면 하나님께서 보시는 것처럼 사물을 보게 된다. 이러한 은사들을 가지게 되면 피사역자(환자)의 문제점들을 하나님의 시각으로 바라보게 되고 그들의 필요성을 하나님께서 계시해 주게 되므로 그들의 문제가 쉽게 해결되고 치료된다. 이러한 은사들은 사람의 힘으로는 할 수 없으며, 초이성적인 하나님께서 우리를 통해 역사하시는 것이다.

가) 지식의 말씀

지식의 말씀이란 하나님의 지식을 우리에게 알려 주시는 것을 말한다. 이러한 은사를 받게 되면 어떤 특수한 상황과 관련하여 알려 주시는 성령님의 음성을 듣게 되고 그 내용을 피사역자에게 전할 때 하나님의 사랑을 깨닫게 되고 문제를 해결받게 되는 것이다.

지식의 말씀 은사를 통해서 본인도 모르고 지은 죄를 드러내기도 한다. 나단이 다윗에게, 베드로가 아나니아에게 죄를 지적하는 것은 지식의 말씀이다. 지식의 말씀의 은사는 여러 가지로 임하기도 한다. 때로는 직접 음성으로 들리기도 하고, 환상이 보이기도 하고, 나의 신체의 일부분이 아프기도 한다. 한 가지 주의해야 할 것이 있다. 지식의 말씀을 통해서 깨닫게 된 내용을 함부로 상대에게 비밀을 드러내지 말고 하나님께 지혜를 구해서 어떻게 사역할 것인가를 물어야 한다.

나) 지혜의 말씀

지혜의 말씀의 은사는 어떠한 상황이나 문제점을 하나님께서 주신 지혜로 문제를 해결하는 능력이라고 할 수 있다.

열왕기상 3장에 보면 솔로몬 왕의 지혜가 기록되어 있다. 한 아이를 가지고 두 엄마가 자기의 자식이라고 우기는 내용이다. 솔로몬 왕은 "칼을 가져오라. 이 아이를 둘로 쪼개어 반반씩 나눠 주라"고 하였다. 진짜 엄마는 자기 자식의 생명을 구하고자 그 아이를 기꺼이 포기했는데 결과적으로 자식을 진짜 엄마에게 주게 된 것이다.

내가 소련 신학교에서 가르칠 때 한 여학생이 나에게 와서 귀신을 쫓아내 달라고 간청하였다. 나는 성령님께 원인이 무엇인가를 물었다. 성령님은 나에게 환상으로 보여 주셨다. 그 학생이 15세 정도인데 여덟 사람에게 강간을 당하는 환상이었다. 나는 학생에게 말했다.

"네가 15살 때 강간을 당하였구나. 한 차례만 당한 것이 아니라 수십 차례 당하였구나."

학생은 너무나 깜짝 놀라는 것이다. 성령님은 나에게 계속 알려 주셨다. 삼촌에게 강간을 당하고 그것을 감추려고 자기 친구들도 강간하도록 했다는 것이다. 나는 성령님께 지혜의 말씀의 은사를 구했다. 성령님은 말씀을 주셨다.

"사랑하는 딸아, 나는 네가 나의 종이 되어 복음을 전할 것을 알고 있었다. 그때 내가 너를 구해 주지 않았던 것은 네가 나를 믿지 않고 있었기 때문이지만, 나는 네가 나의 종이 되어 오늘날 러시아에 수많은 사람들이 강간을 당하여 고통받는 사람들을 너를 통해 구원하기 위해서다. 사랑하는 딸아, 더 이상 너는 고통을 겪지 않을 것이다. 고통당하는 그들에게 복음을 전하라."

안수할 때 그 학생은 입신 상태로 들어갔다가 기쁨으로 주님을 찬양하는 것이었다.

지혜의 말씀의 은사는 하나님께서 지식의 말씀을 통해서 알려 주신 내용이나, 또는 우리가 알고 있는 어떤 문제점을 성령님께 물었을 때 해결책을 주시는 은사다.

다) 영들 분별함

영들 분별함이란 그 영의 작용의 근원이 인간인지, 아니면 마귀인지, 아니면 하나님인지를 판단하는 초자연적인 능력을 말한다. 영들 분별함을 받게 되면 피사역자의 문제가 육적인 것인가, 아니면 영적인가를 구별할 수 있게 된다.

하나님의 음성을 듣는 것은 너무나 중요하다. 그러나 그 음성이 하나님께로부터 온 것인지, 마귀로부터 온 음성인지 분별하는 것은 너무나 중요하다.

세상에는 3종류의 영이 존재한다. 사람의 영, 마귀의 영, 하나님의 영이다. 영은 생각이고 말이다. 사람이 세상을 살아가면서 수많은 생각을 하며 살고 있다. 그 생각이 밖으로 표현되면 말이 되고 행동이 된다. 사람의 영 안에 마귀도, 하나님도 생각을 넣어 주고 있다.

아나니아와 삽비라는 자기의 소유를 팔아 교회에 헌금하려는 마음이 있어서 소유를 팔았다. 그러나 다시 생각해 보니 자기들도 꼭 필요한 돈이 있었다. 그래서 얼마를 감추어 두고 나머지를 헌금하였다. 그리고 베드로가 '이것이 다냐?'라고 물었을 때, '다'라고 했다. 그들은 베드로는 같은 사람이기 때문에 모를 것이라고 생각했을 것이다. 그러나 그들은 마귀의 유혹에 넘어가서 성령을 속인 것이다.

파벌 간의 갈등, 사역의 갈등이 있을 때 영들을 분별하여야 한다. 특별히 사역자에게는 영들 분별함 은사가 가장 중요하다. 치유사역을 할 때에, 때로는 시험하려고 하는 사람들이 있다. 아프지도 않으면서 아프다고 하기도 한다. 또는 오른쪽이 아픈데 본인은 왼편이 아프다고 하기도 한다. 영 분별함의 은사는 지식의 말씀의 은사와 함께 오기도 한다.

2) 능력의 은사들: 하나님의 손

분별의 은사들은 '통찰력(하나님의 관점에서 보는 것)'과 관련이 있는 반면에, 능력의 은사들은 '하나님의 권능'과 관련이 있다. 능력의 은사들은 믿음, 병 고치는 은사, 능력 행함과 같은 것은 초자연적인 능력이다. 우리가 기도한다든지, 병든 자에게 손을 얹는다든지, 예수의 이름으로 명령할 때 하나님의 초자연적인 능력이 나타나는 것을 말한다.

이 세 가지는 상호 연관성을 가지고 있는 경우가 많다. 믿음과 신유, 믿음과 능력 행함, 능력 행함과 신유 등은 서로 구분하지 못할 만큼 연관성을 가지고 있다.

가) 믿음

믿음이란 어떤 사람이 특별한 상황이나 필요에 직면했을 때, 갑작스럽게 솟구쳐 오르는 큰 파도처럼 신비하게 솟아나는 큰 확신을 말한다.

믿음에는 구원받는 믿음과 능력 행함의 믿음이 있다. 구원받는 믿음도 분명히 하나님의 선물이다(엡 2:8). 그러나 믿음의 은사라고 하는 것은 기도하고 구한 것은 받은 줄로 믿는 능력의 믿음을 말한다.

믿음의 은사는 초자연적으로 이루어진다. 믿음으로 "이렇게 될지어다"라고 선포하면 그대로 이루어진다. "예수님께서 채찍에 맞으심으로 당신의 질병이 치유되었습니다"라고 선포하면 질병이 치유되는 것도 믿음의 은사이다. '나에게는 예수의 이름의 능력이 있다. 내가 예수의 이름으로 명령하면 이루어진다'는 믿음도 믿음의 은사다. 다리를 붙잡고 명령하면 다리가 자라고 조정되며 질병이 치유되는 것도 믿음의 은사다. 믿음의 은사는 하나님의 말씀이 근거가 되기 때문에 하나님의 말씀을 수시로 읽고 묵상여야 한다.

나) 병 고치는 은사(= 신유)

병 고치는 은사란 환자가 실제로 치유를 받게 해 주는 것을 말한다. 질병에는 많은 종류가 있기 때문에 병 고치는 은사에도 다양한 종류가 있다. 다시 말하면 병 고치는 은사란 인간의 감정적인 영역, 영적인 영역, 육체적인 영역 등 사람의 전 영역에서 치료가 필요한 사람을 낫게 해 주거나 호전되게 해 주는 것을 말한다.

병 고치는 방법에는 의술, 운동 요법, 식이 요법, 정신 요법 등이 있다. 이 모든 것도 하나님께서 주신 것이기 때문에 도외시하면 안 된다. 그러나 이것들은 신유의 은사는 아니다. 신유는 초자연적인 하나님의 능력으로 고치시는 것을 말하며, 우리가 병든 자를 위해 구하는 것은 신유의 은사를 구하는 것이다.

신유는 하나님의 뜻이다. 예수님께서 공생애 활동을 하시며 가장 많은 시간을 보내신 것도 신유 활동이셨으며, 마지막 십자가에서 죽기 직전에도 우리의 질병을 감당하기 위해서 채찍에 맞으신 것이다.

"친히 나무에 달려 그 몸으로 우리 죄를 담당하셨으니 이는 우리로 죄에 대하여 죽고 의에 대하여 살게 하려 하심이라 그가 채찍에 맞음으로 너희는 나음을 얻었나니" (벧전 2:24)

그리고 모든 믿는 자에게 신유의 능력을 주시며 나아가서 복음을 전하라고 명령하신 것이다. 신유는 정말로 예수님이 우리를 통해서 하시기를 가장 원하시는 은사이다. 내가 믿음으로 병든 자를 위해서 손을 내 밀고 기도하면 병 고쳐지는 표적이 따르게 된다.

다) 능력 행함

능력 행함, 즉 기적이라고 하는 것은 한 개인을 통한 사역에 하나님의 권능의 기적이 일어나서 사람들과 사물이 눈에 띌 정도로 분명하고도 유익한 영향을 받는 사건을 말한다. 즉 자연 질서를 초월하여 일어나는 초자연적인 기적들을 말한다. 하나님께서 창조주이시기 때문에 초자연적인 창조의 능력을 지금도 우리를 통해서 행하시는 것을 보여 주는 것이다.

"능력"이라는 단어는 영어 성경에서 "Miracles(기적)"이라고 번역하였는데, 그 뜻은 "권능(Power)"라는 헬라어 "듀나미스"를 말한다. 어떤 한 사람에게 하나님의 권능이 폭발적으로 나타나서 기적적인 사건이 발생하는 것을 뜻한다.

병 고치는 은사를 사용하면서 우리는 창조적인 명령을 자주 한다. 귀머거리를 위해 기도할 때 "없어진 고막은 창조되고 청력은 회복될지어다" 또는 "무릎 연골은 창조될지어다!" 등 명령을 할 수 있다. 그러면 실제로 그런 것이 창조되어 고쳐지는 것을 경험하게 된다.

3) 언어의 은사: 하나님의 입

하나님께서는 태초부터 말씀으로 계셨다. 말씀으로 세상을 창조하시고, 말씀으로 에덴동산에서 아담과 하와와 교제하셨다. 그분은 노아에게 말씀으로 방주를 만들게 하셨으며, 아브라함에게 말씀으로 고향, 친척을 떠나라고 하셨다.

말씀으로 존재하시던 하나님께서 인간의 육신을 입으시고 이 땅에 오셨다. 그분이 예수님이시다. 예수님께서는 "말씀하시는 하나님"이심을 보여 주셨다. 우리와 더불어 말씀하시고, 우리와 대화하시기를 원하셨다. 우리가 모시고 있는 하나님은 조용한 하나님 즉, '벙어리 하나님'이 아니시며, 오히려 우리와 대화하시고자 여러 가지 방법을 친히 마련해 놓으신 하나님이시다. 앞에서 다룬 지혜의 말씀, 지식의 말씀, 영들 분별함의 은사는 모두 말로 표현되는 은사들이다.

우리가 하나님과 대화하기를 원하는 것 이상으로 하나님께서 우리들에게 대화하기를 원하시기 때문에 우리는 언어의 은사들을 구해야 하며, 구하는 자에게 반드시 주시는 것을 믿어야 한다.

가) 예언

예언이란 하나님이 교회에 대한 하나님 자신의 뜻을 선언하는 것으로서 그 목적은 교회의 덕을 세우며 권면하며 안위하는 것이다. 바울 당시 헬라 세계에서는 플라톤의 사상을 따라 두 종류의 예언을 가르치고 있었다. 하나는 '점술(mantic prophecy)'로서 신의 속박을 받아 예언하는 것이다. 즉 그들은 신에 "사로잡혀" 신의 입이 되어 버린 것이다. 다른 하나는 '예언의 해석(the prophecy of interpretation)'이라는 것으로 하나의 습득된 기술이었다. 이렇게 해서 '예언'이란 성경 해석, 곧 '설교'를 의미한다고 말한다.

그러나 바울은 '예언'이란 말을 계시의 말씀, 즉 성령이 영감으로 하나님께서 말씀해 주신다는 것을 믿는 히브리 사람들에게 그것을 확실하게 가르치고 있다.

예언은 덕을 세우며, 권면하고, 위로하는 말로 구성된다(고전 14:3, 31). 예언이 덕을 세우는 이유는 그것은 "믿는 자들을 위한 표적"으로서 역할을 하기 때문이다(14:22). 예언은 듣는 자들의 시선을 하나님께 집중시킴으로써 성도들의 모임 가운데 하나님께서 임재해 계신다는 것을 알려 주는 것이다.

예언은 믿지 아니하는 자들이 마음의 숨은 비밀을 드러내 보여 준다(14:22-25). 예언은 사모해야 할 은사다(14:1, 39-40). 예언이 바울에게 그토록 매력이 있는 이유는 그것을 경청하는 그리스도의 몸 된 교회에 덕을 세워 주기 때문이다.

> "그러나 예언하는 자는 사람에게 말하여 덕을 세우며 권면하며 위로하는 것이요" (고전 14:3)

방언은 하나님께 내 영이 말하는 것이지만 예언은 사람에게 말하는 것이다. 이때 정말로 주의해야 할 것은 그 내용이 '덕을 세우며 권면하며 위로하는' 말이 아니면 예언이 아니라는 것을 명심해야 한다.

> "만일 누가 방언으로 말하거든 두 사람이나 많아야 세 사람이 차례를 따라 하고 한 사람이 통역할 것이요. 만일 통역하는 자가 없으면 교회에서는 잠잠하고 자기와 하나님께 말할 것이요. 예언하는 자는 둘이나 셋이나 말하고 다른 이들은 분별할 것이요" (고전 14:27-29)

방언 통역하는 자가 없으면 공적인 예배에서는 잠잠하고 방언하는 사람은 하나님께만 방언으로 기도하라는 말이다.

나) 방언

방언이란 성령님의 감동을 받아 말하는 것으로서 말하는 자가 전혀 배우지 않았던 언어(그것은 지상에서 알고 있는 언어일 수도 있고, 아니면 사람이 전혀 알아들을 수 없는 영적인 언어(소리)일 수도 있다)를 말하는 것이다. 이때 마음의 의식은 전혀 관계되지 않는다.

> "방언을 말하는 자는 사람에게 하지 아니하고 하나님께
> 하나니 이는 알아듣는 자가 없고 영으로 비밀을 말함이
> 라"(고전 14:2)

방언은 영으로 하나님께 비밀을 말하는 수단이다. 방언은 사람이나 천사라도 못 알아듣는다. 방언은 통역이 없으면 마음의 열매를 맺지 못한다.

왜 내가 알지 못하는 방언으로 하나님께 기도해야 하는가? 방언은 내 영이 기도하는 것이다. 내 영은 미래를 알고 내 마음을 알고 있다. 그러므로 깨닫는 말로 기도하는 것보다 내 영으로 기도하는 것이 더 능력 있는 기도가 될 수 있다. 뿐만 아니라 내 영이 내 안에 있는 성령님께 기도하는 것으로 성령과 깊은 교제가 이루어지며 성령의 은사들이 임하게 된다. 방언 기도를 많이 하면 성령의 능력이 계속 살아나며 능력 있는 치유자가 될 수 있다.

하나님이 인간을 창조하실 때 영과 혼과 육으로 창조하셨다. 영으로는 하나님과 교통하며, 육으로는 하나님을 기뻐한 삶을 살게 하셨

다. 그러나 오늘날 모든 사람의 영이 죽어 있으므로 육이 혼을 지배하고 있다. 그러다가 예수를 믿어 영이 다시 살아나게 되면 영이 혼을 지배하게 된다. 육과 영은 서로 공존하지 못한다. 영은 혼에게 지배를 하고, 혼은 육을 지배한다. 그러나 영이 죽은 사람은 혼을 지배하지 못하기 때문에 육의 생각만 하며 육체의 욕심대로 살게 된다.

"우리가 세상의 영을 받지 아니하고 오직 하나님으로부터 온 영을 받았으니 이는 우리로 하여금 하나님께서 우리에게 은혜로 주신 것들을 알게 하려 하심이라. 우리가 이것을 말하거니와 사람의 지혜가 가르친 말로 아니하고 오직 성령께서 가르치신 것으로 하니 영적인 일은 영적인 것으로 분별하느니라. 육에 속한 사람은 하나님의 성령의 일들을 받지 아니하나니 이는 그것들이 그에게는 어리석게 보임이요, 또 그는 그것들을 알 수도 없나니 그러한 일은 영적으로 분별되기 때문이라. 신령한 자는 모든 것을 판단하나 자기는 아무에게도 판단을 받지 아니하느니라 누가 주의 마음을 알아서 주를 가르치겠느냐 그러나 우리가 그리스도의 마음을 가졌느니라" (고전 2:12-16)

육에 속한 사람은 성령의 일이 미련하게 보인다. 육에 속한 사람이 보면 성령 받고 방언하는 것이 미련하게 보이는 것은 당연하다.

'성령 충만'이란 내 영이 나의 혼을 완전히 지배하는 것을 말한다.

성령이 임하면 제일 먼저 임하는 은사가 방언이다. 방언은 모든 은사의 기초다. 방언을 통하여 지식의 말씀의 은사, 지혜의 말씀의 은사, 믿음, 능력 행함 등 모든 은사가 임하게 된다. 그럼으로 방언 기도를 많이 해야 한다.

> "내가 너희 모든 사람보다 방언을 더 말하므로 하나님께
> 감사하노라"(고전 14:18)

사도 바울은 모든 사람보다 방언을 더 말하는 것을 자랑했고 하나님께 감사했다. 우리도 사도 바울처럼 성령의 은사를 받기 위해서는 방언 기도를 많이 해야 한다. 일반 성도는 시험에 들지 않기 위해서 한 시간씩 기도해야 하며, 사역자들은 매일 3시간씩 방언 기도를 하고, 집회를 앞두고는 7시간씩 기도하라고 오광석 목사님은 트리플 신앙세미나에서 권유하고 있다.

성령을 받았으면 다 방언을 해야 하는가? 성령을 받고 제일 먼저 임하는 것이 방언이다. 그러나 방언을 중요하지 않게 여기고 방언의 중요성을 잘 모르고, 내 마음에 열매를 맺지 못하기 때문에 방언을 안 하는 사람들이 많이 있다. 방언은 성령이 주시는 은사이므로 가장 좋은 것으로 생각하고 계속하라. 성령 충만해지고 각종 은사가 임하게 된다.

다) 방언 통력

방언 통역이란 하나님의 감동으로 말미암아 자기 자신 또는 다른 사람이 말하는 방언의 내용을 깨달을 수 있게 되어 방언의 뜻을 다른 사람에게 알아들을 수 있는 언어로 통역해 주는 것을 말한다.

방언과 방언 통역은 동전의 양면이라 할 수 있다. 앞의 두 가지 은사는 너무나 밀접하게 관련되어 있기 때문에 공적인 예배에서 둘 중 하나가 없는 것에 대해서는 바울이 아예 허락을 하지 않았다. 방언 통역에 대한 교훈은 그리 많지 않지만 다음과 같은 사항을 유의해야 한다.

방언을 말하는 자는 통역하기를 기도해야 한다(고전 14:13)고 하였다. 통역의 은사를 구하는 것이 아니라 통역하기를 기도하라는 말이다. 방언 통역에 대하여 명백하게 설명한 성경 구절은 없다. 그러나 다음 구절은 방언 통역이 어떤 것임을 알려 주는 말이다.

"그러므로 방언을 말하는 자는 통역하기를 기도할지니, 내가 만일 방언으로 기도하면 나의 영이 기도하거니와 나의 마음은 열매를 맺지 못하리라. 그러면 어떻게 할까 내가 영으로 기도하고 또 마음으로 기도하며 내가 영으로 찬송하고 또 마음으로 찬송하리라"(고전 14:13-15)

방언으로 기도하는 가운데 성령께서 마음으로 깨닫게(또는 환상 등) 해 주는 것을 깨달은 말로 표현하는 것이 방언 통역인 것이다. 성령께서 말하게 하심을 따라 깊은 영의 기도를 하는 가운데 깨닫게 해 주시는 내용을 말로 기도하는 것을 방언 통역이라고 한다. 그러므로 방언 기도를 하는 사람은 방언 기도와 더불어 깨달아지는 내용을 말로 기도하는 것이다. 방언으로 기도하고, 깨달아지는 내용을 말로 기도하고, 방언으로 기도하고 깨달아지는 내용을 말로 기도하는 것이 자기 자신의 방언 통역인 것이다.

하나님은 말씀하시는 하나님이시다. 그분의 소원은 우리에게 계시하실(지식의 말씀, 지혜의 말씀, 환상, 예언 등) 뿐만 아니라 또한 우리에게 직접 말씀하시기도 한다. 하나님께서 우리들에게 말씀하시기를 원하신다는 것을 잊지 말라. 성령의 감동에 민감하라. 마음을 열어라! 그리고 하나님께서 당신을 통하여 말씀하시게 하라!

성령의 아홉 가지 은사는 기도 가운데 임하게 된다. 마음의 기도가 아니라 영의 기도를 하여야 한다. 하루에 한 시간씩 부르짖어 기도하면 귀신을 쫓아내고 병든 자를 고칠 수 있다. "몸이 불편한가? 기도하세요." 하는 일이 잘 안 되는가? 부르짖어 기도하세요. 사역자들은 최소한 매일 3시간씩 영의 기도를 해 보세요. 병든 자에게 손을 얹을 때 따르는 표적이 임하게 될 것이다.

5. 귀신을 쫓아내라

예수님께서 하신 사역 중의 대부분은 귀신을 쫓아내고 병든 자를 고치시는 사역이었다. 그리고 열두 제자를 훈련시킨 내용도 귀신을 쫓아내고 병든 자를 고치는 것이었다. 그리고 예수님의 마지막 명령도 귀신을 쫓아내고 병든 자를 고치며 복음을 전파하라는 것이었다. 그런데 오늘날 현대 교회에서는 귀신을 쫓아내는 사역을 거의 볼 수 없다. 그리고 어느 교회에서는 집회를 할 때 귀신 이야기는 하지 말라고 부탁하기도 한다.

이 시간에는 귀신을 왜 쫓아야 하며 어떻게 쫓아내는가를 살펴보자.

사탄, 마귀, 귀신이라는 용어부터 정리하자. 사탄(Satan)은 히브리어로 사탄이라고 하고 '대적자'라는 뜻으로 하나님과 인간을 대적했던 놈을 말한다. 마귀(Devil)는 헬라어로 디아볼로스인데 '쪼개는 자, 비방자'라는 뜻으로 하나님과 인간을 분리시키는 놈이다. 원래 같은 한 놈인데 하나님을 대적할 때는 사탄이라고 하고 사람을 대적할 때는 마귀라고 한다. 큰 용, 옛 뱀은 같은 사탄 혹은 마귀인데 아담을 속였던 놈을 지칭한다.

사탄 혹은 마귀는 한 놈으로 하나님을 대적하다가 이 세상에 쫓겨난 놈이다. 원래는 하나님을 섬기던 천사장이었는데 하나님을 대적하다가 땅(음부)로 쫓겨나서 하나님과 똑같은 모습인 인간을 괴롭히고 있는 것이다.

"큰 용이 내쫓기니 옛 뱀 곧 마귀라고도 하고 사탄이라고
도 하며 온 천하를 꾀는 자라 그가 땅으로 내쫓기니 그의
사자들도 그와 함께 내쫓기니라"(계 12:9)

그리고 귀신(Demons)은 헬라어로 다이몬이라고 하며 사람 안에 들어와서 억압하고 죽이는 존재이다. 사탄, 마귀라고도 하는 놈이 땅으로 쫓겨날 때 그의 사자들도(천사들) 함께 쫓겨났다. 바로 그의 사자들(쫓겨난 천사들)이 귀신이 되어 사람들을 죽이고 멸망시키고 있다. 그래서 사탄, 마귀를 지칭할 때는 항상 단수를 사용하지만 귀신을 지칭할 때는 복수를 사용하여 귀신들이라고 한다.

구약성경에서는 사탄, 마귀 또는 악령이라는 단어를 사용하다가 신약에서부터 사탄, 마귀, 귀신이라는 단어를 사용하기 시작했다. 구약에서는 귀신이라는 단어가 한 번도 안 나오다가 신약에서는 귀신이라는 단어가 106번 나타난다. 특별히 마가복음에만도 32번이 나온다.

"죄를 짓는 자는 마귀에게 속하나니 마귀는 처음부터 범

죄함이라. 하나님의 아들이 나타나신 것은 마귀의 일을 멸
하려 하심이라"(요일 3:8)

사탄 혹은 마귀라고 하는 한 놈이 처음부터 거짓말을 하여 아담
과 하와로 하여금 선악과를 범하게 함으로써 온 인류를 죽음으로 이
끌고 있는 것이다. 사탄 혹은 마귀라고 하는 놈이 첫 사람인 아담을
속여서 죄를 짓게 하고 그 죗값으로 모든 사람을 죽게 하는 것이다.

예수님이 이 세상에 오신 것은 마귀에게 속아서 죄를 지은 인간
들을 구원하기 위해서 오신 것이다. 예수님이 광야에서 마귀로부터
시험을 받았지만 말씀으로 무찌르고 그 다음부터 마귀를 대적하고
마귀의 졸병인 귀신들을 쫓아내신 것이다. 그리고 제자들에게 귀신
을 쫓아내는 권능을 주셔서 제자들도 귀신들을 쫓아내게 하셨다.

예수님이 십자가에서 이루신 일은 첫째는 어린양이 되셔서 모든
인류의 구원을 위해 속죄제가 되신 것이요, 둘째는 마귀가 죄 없는
예수를 십자가에서 죽게 하므로 승리한 것처럼 보였지만 3일 만에
부활하심으로 마귀를 완전히 정죄를 하고 심판한 것이다. 이제 마귀
는 세상 마지막 날에 처형하기만 하면 된다. 마귀의 처형은 영원한
지옥 불에 처넣는 것이다. 이 사실을 마귀도 알고 귀신들도 알기 때
문에 예수의 이름 앞에 벌벌 떠는 것이다. 그리고 예수의 이름으로
명령하면 귀신들이 떠날 수밖에 없는 것이다.

귀신에 대해서 연구한 사람들이 귀신론을 만들고 가르치고 있지만, 우리는 귀신론을 배워서 귀신을 쫓아내는 것이 아니라, 예수님이 귀신을 쫓아내라고 명령하셨고, 마귀는 이미 심판을 받고 처형될 날만 기다리고 있다는 사실을 알고 예수의 이름으로 명령하면 귀신이 떠나게 되어 있다는 것을 분명히 알아야 한다.

마귀와의 싸움이 영적 전쟁이다. 귀신을 쫓아내는 것이 영적 전쟁이다. 그런데 이 전쟁은 이미 승리를 해 놓고 싸우는 것이므로 두려워할 필요가 전혀 없다. 귀신의 대장인 마귀가 이미 심판을 받고 처형될 날만 기다리고 있기 때문에 예수 믿는 모든 사람은 귀신을 두려워할 필요도 없고 예수의 이름으로 쫓아내기만 하면 되는 것이다.

"예수의 이름으로 명령하니 더러운 귀신아, 나가라!"고 명령하기만 하면 된다. 마귀와의 싸움에서 결코 패할 수 없지만 영적 전쟁이기 때문에 성령 충만하지 않으면 귀신들이 잘 나가지 않는다. 그래서 영의 기도, 즉 방언 기도를 많이 해야 한다. 예수님께서도 귀신을 쫓아내는 것은 오직 기도밖에 없다고 하시며 시험에 들지 않도록 한 시간 이상 기도하라고 하신 것이다.

"예수의 이름으로 명령하니 더러운 귀신아, 나가라!"고 해서 귀신들이 쉽게 나가지는 않는다. 나도 처음에는 밤새도록 귀신을 쫓아내며 지친 경우도 있었지만, 귀신을 쫓아내는 것은 너무나 쉽다. 영의 기도를 많이 하여 성령 충만하면 몇 번만 명령하면 대부분의 귀신들은 경련을 일으키며 나가게 된다.

귀신을 쫓아내는 방법은 무당들처럼 굿을 하거나 어떤 다른 방법이 있는 것이 아니다. 다만 "예수의 이름" 때문에 귀신들이 항복하고 나가는 것이다. 귀신 들린 사람에게 몇 번 "귀신아 나가라"고 명령하고 "예수의 이름. 예수의 이름, 예수의 이름"만을 계속 말하면 귀신들은 귀를 막고 발버둥 친다. 큰 소리로 외칠 필요도 없다. 조용한 소리로 명령하고 예수의 이름만 계속 외치면 귀신들은 반드시 나가게 되어 있다. 얼마나 쉬운지 모른다.

귀신들은 대부분 떼를 지어 들어와 있기 때문에 한 놈이 나갔다고 할지라도 다른 놈은 아직도 안 나간 경우도 많이 있다. 대부분 대장 귀신이 안 나가고 끝까지 숨어서 버티기도 한다. 그럴 때 "더러운 귀신아, 너 아직도 숨어 있지?" 하고 물으면 "그래, 아직 안 나갔다"고 귀신이 대답한다. 귀신들은 얼마나 멍청한지 모른다. 절대 두려워하지 말고 예수의 이름으로 명령만 하면 된다.

귀신들이 사람을 죽이려고 각종 질병을 가지고 들어오기도 하기 때문에 귀신이 쫓겨나면 그러한 질병도 즉시에 고쳐진다. 성경에 기록된 것처럼 벙어리 되고 귀먹은 귀신이 쫓겨나자마자 벙어리가 말을 하고 귀먹은 사람이 잘 들을 수 있다.

오늘날 자살을 유도하는 귀신들이 많이 있다. 이러한 귀신들은 우울증, 대인 기피증을 일으키고 있다. 또는 거짓말을 하기도 하고 사람들과 대적하도록 하기도 한다. 오늘날도 반드시 귀신을 쫓아내어야 한다. 마귀는 처음부터 거짓말 하는 영이기 때문에 귀신 들린 사람 가운데 거짓말을 항상 하는 사람도 있다. 그리고 교통사고를 당한 경우에는 거의 전부 귀신들이 들어 있다. 그 귀신을 쫓아내어야 후유증이 없게 된다.

> "믿는 자들에게는 이런 표적이 따르리니 곧 그들이 내 이름으로 귀신을 쫓아내며 새 방언을 말하며" (막 16:17)

예수님이 특별히 마지막 유언으로 "너희는 귀신을 쫓아내라!"고 명령하신 것을 잊지 말자. 사람을 괴롭히고 죽이고 멸망시키려고 귀신들은 항상 틈을 타서 들어오려고 한다. 그래서 기도를 쉬지 않고 항상 마귀를 대적해야 한다.

6. 모든 병과 모든 약한 것을 고쳐라

"예수께서 온 갈릴리에 두루 다니사 그들의 회당에서 가르치시며 천국 복음을 전파하시며 백성 중의 모든 병과 모든 약한 것을 고치시니" (마 4:23)

"예수께서 그의 열두 제자를 부르사 더러운 귀신을 쫓아내며 모든 병과 모든 약한 것을 고치는 권능을 주시니라" (마 10:1)

예수님께서 지상에서 사역하실 때 모든 병과 모든 약한 것을 고치셨다. 그리고 제자들을 부르셔서 동일하게 모든 병과 모든 약한 것을 고치는 권능을 주셨다. 그리고 제자들은 두루 나가 복음을 전하면서 모든 병과 모든 약한 것을 고쳤다.

예수님께서는 우리에게 "예수의 이름"을 사용하라고 명령하셨다. 우리가 예수의 이름으로 명령할 때 예수님이 명령하는 것과 동일한 효과가 나타나는 것이다. 왜냐하면 예수님이 그렇게 약속하셨고 예수님이 "예수의 이름"으로 구하는 것은 예수님이 시행해 주시기 때문이다. 당신은 예수님이 귀신을 쫓아내고 모든 병을 고쳤다는 사실을 믿는가? 그렇다면 당신도 예수님처럼 귀신을 쫓아내고 모든 병과 모든 약한 것을 고칠 수 있다. 예수님이 확실하게 약속하셨기 때문이다.

> "너희가 내 이름으로 무엇을 구하든지 내가 행하리니 이는 아버지로 하여금 아들로 말미암아 영광을 받으시게 하려 함이라. 내 이름으로 무엇이든지 내게 구하면 내가 행하리라" (요 14:13-14)

우리는 '전도는 쉽다'고 말씀을 공부하고 있다. 세상 모든 사람들은 모두 다 무엇인가에 억압받고 있다. 그리고 모든 약한 부분이 있고 모든 병에 괴롬을 받고 있다. 그런데 그 문제를 해결해 주면서 하나님이 살아계심을 믿으라고 하는데 안 믿을 사람이 있겠는가?

그리고 "귀신을 쫓아내는 것은 쉽다"라고 공부했다. 귀신의 왕 마귀는 이미 심판을 받았고 처형될 날만 기다리고 있다. 그래서 귀신들은 예수의 이름을 무서워하고 예수의 이름으로 명령하면 복종하게 되어 있다.

그런데 예수님은 또 우리에게 모든 병과 모든 약한 것을 고치는 권능을 주셨다. 그리고 성령님이 우리 안에 들어오셔서 그 권능을 행사하도록 알려 주시고 또 우리가 예수의 이름으로 명령하면 성령님이 함께하셔서 모든 약한 것과 모든 병이 떠나게 되어 있다. 그래서 "병 고치는 것은 정말 쉽다"라고 말할 수 있다.

세상에서 병을 고치는 것은 의사의 몫이다. 의사가 되기 위해서 의예과 2년, 의학과 4년을 공부하고 의학사 학위를 취득한다. 그리고 전공의가 되기 위해서 4년 과정의 의학전문대학원에서 공부하여야 한다. 의사가 되는 길은 정말 어렵다. 총 10년 과정을 공부해야 하고 의사 면허증을 받은 후에도 계속해서 연구하고 공부해야 한다. 의사들은 판·검사, 변호사들보다 더 많은 공부를 하고 연구해야 유명한 전문의가 된다.

그런데 예수님께서는 우리에게 모든 병과 모든 약한 것을 고치는 권능을 주셨다. 그리고 방법까지도 알려 주셨다. 예수의 이름으로 명령하고 손을 내 밀어서 병을 고치라고 하신 것이다. 의사가 병을 고치는 것은 정말 어렵다고 말할 수 있지만 믿는 사람들이 병을 고치는 것은 정말 쉽다고 말할 수밖에 없다.

문제는 '예수님의 말씀대로 이루어지는가'이다. 믿는 사람에게 성령이 임한 후에 제자들이 나가서 전도할 때 따르는 표적으로 복음을 증거한 내용이 사도행전에 기록되어 있다. 그들은 나가서 수많은 질병을 고치고 귀신을 쫓아내며 나면서도부터 병신으로 태어난 사람들도 고쳤다. 현대 의술로도 고치지 못한 수많은 병들을 고친 것이다. 얼마나 놀라운 일인가? 그런데 일반 의사들처럼 10년 이상 공부하여 얻은 것이 아니라 단지 믿음으로 기도하고 예수님의 말씀을 믿고 행하기만 하면 전문 의사들보다 더 놀라운 일을 할 수 있다니, 놀라운 일이 아닌가?

> "믿는 자들에게는 이런 표적이 따르리니 곧 그들이 내 이름으로 귀신을 쫓아내며 새 방언을 말하며, 뱀을 집어올리며 무슨 독을 마실지라도 해를 받지 아니하며 병든 사람에게 손을 얹은즉 나으리라 하시더라" (막 16:17-18)

성경은 하나님의 말씀이다. 그리고 살아계신 하나님이신 예수님의 약속의 말씀이다. 그 말씀을 믿고 기도했더니 놀라운 기적이 일어난 것을 믿는 사람들은 수없이 많이 경험한다. 그런데 문제는 기사와 표적이 어떨 때는 일어나고 어떨 때는 안 일어나기 때문이다. 그래서 더욱 기도에 힘쓰기도 하지만 더 좋은 방법을 찾기도 하고 배우기도 한다. 더 많이 기도하고 더 많이 배워서 깨우치면 더 많이 기사와 표적이 일어나는 것은 사실이다.

귀신을 쫓아내는 것은 오직 예수의 이름밖에 없다. 단순하게 예수의 이름만 외쳐도 귀신은 쫓겨난다. 그러나 "병든 사람에게 손을 얹은즉 나으리라" 하는 말씀에서 병든 사람에게 어떻게 손을 얹을 것인가, 어떤 기도를 할 것인가, 어떤 명령을 할 것인가는 상황에 따라 다르다. 더 많은 기적을 행하시는 주의 종들에게 좀 더 확실하게 배우면 좀 더 표적이 많이 나타난다.

그러나 성경의 약속의 말씀은 확실하게 이루어진다는 것은 분명하다. 내가 방법을 잘 몰라서 또는 기도가 약하고 믿음이 약하기 때문에 잘 이루어지지 않는 것뿐이다.

7. 확실하게 배워서 확실하게 치유하자

1) 치유 기도의 5단계

하나님 아버지께서는 나를 항상 인도하고 계신다. 나를 은혜한인 교회로 인도하신 분도 하나님이시요, 내가 치유에 관심을 보이자 훌륭한 사역자들을 만나서 교육받도록 인도하신 분도 하나님이시다.

내가 살고 있었던 애나하임에 존 윔버 목사가 개척하여 한창 부흥을 일으키는 빈야드교회가 있었다. 『능력 전도』라는 책을 쓰셨던 존 윔버 목사는 치유학교를 개설하여 교육시키고 있었다. 나는 그 치유학교에 등록하여 공부하였다. 그분에게서 배웠던 것 중의 하나가 치유의 5단계였다. 치유의 5단계는 진단, 처방, 치유, 확인, 후속 조치이다. 그 전까지는 아픈 사람이 있으면 무조건 기도를 하였지만 내가 체계적으로 공부한 후에는 기도하는 것이 달라졌고 치유도 더 확실하게 나타나기 시작한 것이다.

가) 진단 → 질문(환자에게 물어본다. 동시에 성령께 물어보라)

"어디가 어떻게 아픈가?"

"왜 이 병이 생기게 되었는가?"

"병원에서는 무엇이라고 했는가?"

환자에게 질문하는 동안 나는 성령님께 물어보아야 한다. 환자는 자기가 아픈 원인을 잘못 알고 있기도 하지만 성령님은 모든 것을 알고 계신다. 성령님은 나에게 환상, 투시, 내적 증거(직감, 지식의 말씀) 등으로 응답하신다.

나) 처방 → 진단을 통하여 병의 원인을 알았다면 어떻게 기도할 것인가를 결정한다

귀신 들림으로 병이 왔다면 예수의 이름으로 귀신을 축사해야 한다.

마음의 상처로 병이 들었다면 상담과 기도로 내적 치유를 해야 한다.

범죄로 인하여 병이 들었다면 회개 기도를 하게 한 후에 치유기도를 해야 한다.

육체적인 질병인 경우는 안수 또는 명령하여 치유하도록 한다.

다) 치유 → 신유 사역을 시작한다

처방에 따라 기도하며 치유한다. 귀신 들려서 축사를 할 때는 간단하다. 예수의 이름으로 명령만 하면 된다. 마음의 상처로 인한 질병이면 상담을 통하여 마음의 상처를 치유해 주어야 한다. 그리고 일반적인 병이라면 손을 얹고 병이 치유되라고 명령하면 된다. 구체적인 기도 가운데 질병은 확실하게 치유된다.

라) 확인 → 병이 나았는가를 확인한다

치유 기도를 한 후에 막연하게 "내가 기도하였으니 나을 줄 믿습니다" 하고 돌려보내면 안 된다. 반드시 치유되었는가를 확인해야 된다. 치유 기도를 받은 환자의 믿음을 확인한다.

"믿음으로 일어나 걸어라!"

"손을 내밀라!"

믿음을 행동을 나타낼 때 치유가 일어난다. 현장에서 깨끗이 치유되는 경우가 많지만 완전히 치유되기 위해서는 시간이 필요한 경우도 있다. 이런 경우 치유를 시작하신 주님께서 계속 치유하셔서 완치해 줄 것을 믿도록 믿음을 심어 주어야 한다.

마) 후속 조치 → 믿음을 지속시켜 주어야 한다

하나님께 감사하고 찬양하며 간증하도록 한다. 믿음을 계속 유지하도록 한다. 예배 참석 권유 또는 기도회에 참석을 권유하고 말씀에 순종하도록 권유한다. 죄를 짓지 말며 신앙생활을 잘하도록 권면한다.

"예수님 감사합니다. 예수님이 채찍에 맞으심으로 내 모든 병이 나음을 받았습니다!"라고 믿음의 고백을 하도록 한다.

2) 손을 얹으라(안수: 按手, Touch)

『치유의 핸드북』을 쓴 찰스 프란시스 헌터 부부를 만나게 해 주신 것도 하나님의 인도하심이었다. 내가 살고 있었던 오렌지 카운티에서 멀지 않은 샌디에이고에서 그분들이 치유학교를 개설하였다. 나는 그곳에 등록하여 일주일간 계속되는 치유학교에서 구체적인 치유 방법을 배웠다. 그리고 2년 후에 내가 중국 선교를 위해 한국에 나왔을 때 헌터 부부가 인도하는 세미나가 있었다. 나는 그곳에 등록하여 구체적인 치유 방법을 다시 배웠다. 그분들은 정말로 성령님께서 사용하시는 사역자들이었다. 당시 그분들의 나이가 90이 넘었는데도 얼마나 열심히 가르치시고 치유하시는지 나는 감격하였다. 특히 프란시스 헌터는 인쇄소를 운영하여 책을 만드는 기술이 있었다. 성령께서 지시하시고 그들을 통해서 치유하시는 내용들을 자세하게 기록하여『치유의 방법(How to Heal the Sick)』책을 쓰셨는데 얼마나 귀중한 자료인지 모른다.

> "믿는 자들에게는 이런 표적이 따르리니 곧 그들이 내 이름으로 귀신을 쫓아내며 새 방언을 말하며 뱀을 집어올리며 무슨 독을 마실지라도 해를 받지 아니하며 병든 사람에게 손을 얹은즉 나으리라 하시더라" (막 16:17-18)

왜 예수의 이름으로 병든 자에게 손을 얹을 때 병이 치유되는가?

우리는 예수의 지체다. 예수께서 성령으로 우리와 함께 계신다. 내가 손을 얹고 기도하는 것이 아니라 내 안에 계신 예수님께서 내 손을 통해서 역사하시는 것이다. 예수님께서는 그분이 하시던 치유 사역을 우리에게 위임해 주셨다. 우리가 병든 자를 위해서 기도하는 것은 우리에게 맡겨 주신 예수 그리스도의 사역이며, 또한 우리의 권리다.

사랑의 예수님께서는 우리의 질병을 담당하시기 위해서 온 몸이 찢기도록 채찍에 맞으신 것이다. 주님께서 우리의 모든 질병을 담당 하신 것을 믿고 우리는 담대하게 아픈 곳에 손을 얹고 병이 치유되 도록 명령한다.

내가 병자에게 손을 얹을 때 내 안에 계신 주님께서 역사하신다. 믿는 자가 병자에게 손을 얹는 것은 전기 스위치를 켜는 것과 같은 원리이다.

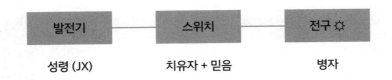

믿음으로 손을 얹으라. 주님께서 고쳐 주시는 것이다. 주님의 옷 자락에 손만 대어도 혈루증 여인의 병이 나았다는 것을 기억하라.

우리가 병자에게 손을 얹을 때 우리 안에 계신 주님께서 직접 역사하시는 것이다. 성령께서 우리 안에 임하신 이유는 우리와 함께 일하기 위해서다. 믿는 자가 안수할 때 성령께서 일을 하신다.

3) 예수의 이름으로 명령하라

가) 산을 옮길 만한 믿음

"베드로가 생각이 나서 여짜오되 랍비여 보소서 저주하신 무화과나무가 말랐나이다. 예수께서 그들에게 대답하여 이르시되 하나님을 믿으라. 내가 진실로 너희에게 이르노니 누구든지 이 산더러 들리어 바다에 던져지라 하며 그 <u>말하는 것이 이루어질 줄 믿고</u> 마음에 의심하지 아니하면 그대로 되리라. 그러므로 내가 너희에게 말하노니 무엇이든지 기도하고 구하는 것은 받은 줄로 믿으라 그리하면 너희에게 그대로 되리라"(막 11:21-24)

예수님께서는 믿는 자에게 창조주의 권세를 주셨다(눅 9:1, 10:19, 막 11:23). 그리스도인은 예수 그리스도의 지체이다. 창조주의 기적과 권세를 가지고 있다. 성령님이 우리 안에 내주하셔서 역사하신다. 예수님께서는 세상 끝 날까지 우리와 함께 계시겠다고 약속하셨다. 성령님도 예수님께서도 우리에게 모든 권한을 위임하셨다. 우리가 행하지 않으면 주님께서도 역사하실 수 없다. 주님은 이렇게 우리에게 말씀하고 계신다.

"네 손은 나의 손이다. 네 입은 나의 입이다. 네 손을 사용하고 네 입을 사용하기를 원한다. 병든 자에게 손을 얹으라! 내가 준 권세로 명령하라! 내가 시행하겠다."

창조주이신 예수님은 우리에게 모든 권한을 위임하셨다. 바로 '예수의 이름'을 주신 것이다. 내 이름으로 무엇이든지 구하면 내가 시행하리라고 약속하셨다.

"내가 가진 예수의 이름으로 명령하노니 질병아, 떠나라! 다리야, 자라라. 연골은 창조되어라!"

우리가 병자를 위해서 기도할 때 성령께서 감동을 주신다. 그의 음성에 따라서 움직이라. 때로는 성령의 음성이 없어도 내 믿음대로 행하라. 이미 우리에게 주신 권세다. 은사가 없더라도 행하라. 점점 은사가 넘치게 될 것이다. 하려고 할 때에 성령의 기름 부음이 넘치게 될 것이다.

나) 뼈와 신경 사역

"이에 내가 명령을 따라 대언하니 대언할 때에 소리가 나고 움직이며 이 뼈, 저 뼈가 들어맞아 뼈들이 서로 연결되

더라. 내가 또 보니 그 뼈에 힘줄이 생기고 살이 오르며 그
위에 가죽이 덮이나 그 속에 생기는 없더라"(겔 37:7-8)

척추와 신경 계통의 그림을 보면 오른쪽에는 자극을 받은 신경이
신체의 여러 부분에서 유발할 수 있는 많은 문제, 질환, 질병들 중
일부를 기록해 놓았다. 각 위치에 있는 작은 구멍을 통해 신경이 뇌
에서 왔다 갔다 하면서 몸의 여러 가지 모든 부위와 기관을 조절한
다. 척추 마디마다 작은 구멍이 62개가 있는데, 그 각 구멍마다 약
300,000개의 신경 섬유가 통과한다. 척추의 척추골 어느 하나가 조
금만 탈구, 즉 제 위치를 벗어나도 조그마한 구멍 중 하나를 막아서
신경을 찌르게 되며, 정상적인 신경 자극 전달을 방해하게 된다.

척추는 24마디로 이루어져 있는데 경추가 7마디, 흉추가 12마디,
요추가 5마디로 이루어져 있다. 우리는 산을 옮길 만한 믿음을 가지
고 척추 각 마디에게 명령하여 조절할 수 있다.

성인의 약 85%는 살아가는 동안 등이나 목에 또는 양쪽 모두에
어떤 종류의 문제를 가지게 될 것이라고 추정된다. 대부분의 이들
문제는 어떤 종류의 상해 때문에 생긴 결과다. 보통 이러한 문제 발
생 배후에는 복합적인 요인이 있으나, 어긋난 척추골, 근육긴장, 인
대와 건의 늘어짐이나 찢어짐 등이 그런 것이다. 게다가 척추골 사
이에 존재하는 디스크가 또한 손상을 받을 수 있다.

이처럼 척추에 이상이 생기는 경우가 허다하기 때문에 치료를 받기 위해서 오는 많은 비율의 사람들이 이 병을 호소한다. 그러면 해당되는 척추를 조절하면 그러한 질병은 치유된다. 어떻게 조절할 것인가? 어떤 척추가 어떤 질병과 관련이 있는가를 알아야 한다. 척추지압사들이 6년 이상을 공부하여 어긋난 척추를 조절하며 병을 치료한다. 그러나 그들도 완전히 조절하지 못하기 때문에 수술을 하여 인공 관절을 넣기도 하고 보조물을 넣기도 한다.

그러나 성령의 능력과 산을 옮길 만한 우리의 믿음을 통해 우리는 쉽게 척추 이상에서 오는 병을 치유할 수 있다. 24마디의 모든 척추를 다 외울 필요도 없다. 경추 7마디를 조절하는 것을 '목 일', 흉추 12마디를 조절하는 것을 '팔이 자라게 하는 일', 요추 5마디는 '다리가 자라게 하는 일' 또는 '골반 일'로 구분하여 사역할 수 있다.

다) 목 일

우리가 목이라고 부르는 부분은 경추 7마디를 말한다. 가장 꼭대기의 것이 환추골이며 머리를 양옆으로 돌리게 한다. 나머지 경추는 앞뒤로 회전한다. 경추로부터 나오는 신경은 얼굴과 머리, 목, 어깨를 지배한다. 그러므로 얼굴과 머리, 목, 어깨 부분이 이상이 생기면 '목 일'을 하면 된다.

목 디스크는 축농증, 비후성 질환, 코골이, 안면 마비, 두통 등의 질병을 유발하며 이를 고치지 않고 수술하면 반드시 재발된다. 목 디스크로 인하여 정신 질환이 생길 수도 있다. 정신 질병이 마음의 상처에서 유발된 것이 아니라면 목 디스크를 정확히 진단해야 한다. 척추골이 어긋나거나, 근육이 긴장하거나, 인대와 건이 늘어짐이나 찢어짐으로 질병이 발생할 수 있다. 게다가 척추골 사이에 존재하는 디스크가 또한 손상을 받을 수 있다.

'목 일'은 얼굴 양쪽에 여러분의 손을 얹을 때, 엄지손가락은 위로 향하게 하여 귀 앞쪽에 대며, 나머지 손가락들은 경추가 시작되는 뒤에 대고, 머리를 가볍게 양옆으로, 뒤로, 앞으로 돌린다. 그러면서 근육, 인대, 신경이 풀리도록 명령하고, 척추골과 디스크가 예수님의 이름으로 조절되도록 명령한다.

"경추는 조절되며, 근육과 인대와 신경은 풀려서 제 기능을 발휘할지어다! 어긋난 디스크는 제자리로 들어갈지어다! 모든 통증은 사라질지어다!"

라) 팔이 자라게 하라!

흉추 12마디에 이상이 생겼을 때 한 손이 짧든지 길든지 한다. 특히 어깨 신경 계통에 이상이 발생했을 때 양쪽 팔의 길이가 다른 것을 발견할 수 있다. 12개의 흉추와 관련된 질병들이 팔의 길이를 조절하므로 치료될 수 있다.

팔이 자라는 것은 그 자리에서 즉시 낫기 때문에 전시 효과가 크며 누구나 할 수 있는 쉬운 사역이다. 먼저 팔을 양옆으로 벌리게 하고 코를 중심으로 두 손을 앞으로 쭉 뻗게 한 후 모으게 하여 손끝을 살펴보면 팔의 길이가 다른 것을 알 수 있다. 팔의 길이가 다를 때는 팔이 자라도록 명령하여 척추가 흉추가 교정되도록 명령하며 통증이 사라지며 이와 관련된 질병이 고쳐진다.

"오른쪽(짧은 편) 팔아, 자라라! 흉추는 교정되어라! 근육과 신경과 인대는 풀려서 제 기능을 발휘할지어다! 통증은 사라지고 질병은 치료될지어다! 팔아, 자라라! 팔아, 자라라!"

마) 다리를 자라게 하라!

발은 우리 몸의 역학적 기초고 건강과 불가분의 관계에 있다. 인간의 발은 서 있을 때나 걸을 때나 전신을 지탱해 주는 기초라 할 수 있다. 발에 생기는 여러 가지 원인에 의한 과로나 무리나 허약으로 말미암은 발의 신경 반사는 목이나 허리 등 전신에 부조화를 일으키고 더욱 악화되어 발의 균형을 무너뜨리거나 전신의 신경 계통을 압박하고 자극하여 질병을 일으킨다. 또한 발은 신장과 장과 위장과 정력에도 관련이 되며 특히 폐결핵과도 관계가 있으며 무릎에 이상이 있으면 인후가 나쁘고 폐가 나빠진다. 발의 길이가 짧거나 긴 발의 불균형을 이루며, 누워 있을 때 균형을 이루지 못하고 한쪽 발이 처져 있는 발의 이상을 발견할 수 있다.

많은 사람들이 허리 디스크로 인하여 고통을 받고 있으며 이는

요추의 이상으로 허리 부분에 통증을 느끼는 것이다. 장과 신장, 부인병, 허리 디스크 환자들은 다리의 길이를 교정하여 줌으로 거의 대부분 고칠 수 있다. 의자에 똑바로 앉아서 다리를 쭉 뻗게 하고 복사뼈를 잡고 길이를 재보면 금방 그 차이를 알 수 있다. 그러면 예수의 이름으로 창조적인 명령을 하면 된다.

"허리 디스크는 치료되며, (짧은 쪽) 다리는 자랄지어다! 통증은 사라지며 인대와 건은 튼튼해질지어다! 눌린 신경은 이 시간에 풀리며 통증은 사라질지어다! 왼쪽(짧은 쪽) 다리는 자라라! 치료되어라!"

이렇게 명령하고 다리가 자라나는 것을 기다리며 바라보고 있으라. 예수의 이름으로 명령한 것이 얼마나 위대한 능력이 있는가를 현장에서 직접 볼 수 있게 될 것이다.

* 특히 허리 디스크와 관절염에는 귀신이 관련되어 있는 경우가 많다. 다리가 자라도록 명령했는데도 아무런 반응이 없을 때는 환자에게 방언기도를 시키거나 회개 기도를 하게 한 후, 축사 사역을 행한 후 허리 디스크를 위해서 기도하도록 하라. 즉시 치료가 일어날 것이다.

바) 골반 일

척추가 끝나는 부분의 큰 뼈가 천골이라고 하는데 그 뼈는 척추

전체를 지탱해 주고 있다. 이 뼈는 또한 양 엉덩이 즉, 인대와 건과 천장골, 관절을 통하여 장골(골반의 한 부분)로 연결된다. 골반의 전체 부위에 치유를 베풀기 위해서는 '골반 일'을 해야 한다.

특히 여성들은 골반으로 인한 질병이 많다. 출산으로 인하여 허리의 통증이 올 때, 부인병(생리통, 자궁 탈수 등), 좌골신경통 등은 골반을 조정하면 대부분 치료가 된다. 골반에 손을 얹고 예수의 이름으로 창조적인 명령을 하라. 골반의 이상은 의자에 앉아서 발의 길이를 재어 본다든지, 눕게 해서 발을 쭉 뻗어 보게 하면 한쪽 발이 짧거나 또는 한쪽으로 비뚤어져 있는 것을 볼 수 있다. 이러한 경우 골반에 가볍게 손을 얹고 명령 기도를 한다.

"예수의 이름으로 명령하노니, 골반뼈는 올바로 맞추어져라! 오른쪽(짧은 쪽) 다리는 자라라! 눌린 신경은 살아나라! 통증은 사라져라!"

4) 불임 여성

나는 불임이거나 아이를 낳지 못한 여성에 대해 터럭만큼의 의심 없는 특별한 믿음이 있다. 나는 이 분야의 사역을 특히 좋아하는데, 전 세계 곳곳에서 내가 기도하여 아이를 낳는 것을 보았다.

"보라 자식들은 여호와의 기업이요 태의 열매는 그의 상급이로다"(시 127:3)

"또 임신하지 못하던 여자를 집에 살게 하사 자녀들을 즐

겁게 하는 어머니가 되게 하시는도다 할렐루야" (시 113:9)

"네 나라에 낙태하는 자가 없고 임신하지 못하는 자가 없

을 것이라. 내가 너의 날 수를 채우리라" (출 23:26)

아이를 원하는 여성이 기도를 받으러 올 때 나는 항상 남편과 함
께 와서 기도를 받으라고 한다. 그렇지 아니하면 후에 여러 가지 구
설수에 빠질 수도 있다. 또한 임신은 여성이 혼자 하는 것이 아니라
부부가 함께 받는 축복이다. 남편이 아내의 자궁 위에 손을 얹게 하
고 나는 그 남편의 손 위에 손을 얹고 기도한다.

"아버지 하나님, 이분들은 우리 주 예수를 믿어 하나님의 자녀가
된 사람들입니다. 하나님께서 약속하신 축복을 받아야 합니다. 태의
열매는 하나님의 상급이라고 하셨습니다. 이 분들에게 태의 열매가
맺히게 하옵소서! 내가 우리 주 예수의 이름으로 명령하노라. 오늘
밤에 이 자궁에 태의 열매가 맺힐지어다! 1년 후에는 건강한 아이가
탄생될지어다! 아멘."

남편과 아내가 합심하여 아멘 하게 하고, 믿음을 가지고 합방하게
하면 틀림없이 자녀가 생산된다. 내가 이렇게 기도하여 하나님이 들
으시고 그들에게서 자녀들이 탄생된 적이 수없이 많다.

5) 치유 사역에서 기억해야 할 것들

우리가 사람들을 구원하기를 원하는 것보다 예수님께서 사람들을 구원하기를 더 원하신다는 사실을 잊지 말자. 우리가 병든 자들을 치유하기를 원하는 것보다 예수님께서 병든 자들을 치유하기를 더 원하신다는 사실을 잊지 말자. 우리가 귀신 들린 자들에게서 귀신을 쫓아내는 것을 원하는 것보다 예수님께서 귀신을 쫓아내기를 더 원하신다는 사실을 잊지 말자.

예수님은 우리를 구원하시기 위해 하늘 보좌를 버리시고 이 땅에 오셔서 모진 고통을 당하시며 우리를 구원하여 주신 분이다. 예수님은 우리의 모든 질병을 치유하기 위해서 쇠방울이 달린 채찍에 온몸이 찢어지기까지 맞으신 분이다. 예수님은 마귀의 권세에 눌려 고통당하는 우리를 구원하기 위해서 우리 대신에 십자가에서 죽으심으로 마귀의 권세를 완전히 깨뜨리시고 우리를 죽음에서 구원하여 주신 분이다.

예수님은 천지를 창조하신 하나님이시다. 그분이 인간을 구원하고자 한다면 말씀 한 마디로 모든 인간을 구원하실 수 있는 분이다. 천군 천사를 동원하여 모든 인간을 구원하실 수 있는 분이다.

그러나 예수님의 손발이 묶여 있다. 영혼 구원하는 것이 하늘나라에서 가장 큰 상급(생명의 면류관)이라는 것을 아시기 때문에 그 상급을 천사들에게 주시지 않고 하나님의 자녀들인 우리에게 주시기 위해서 기다리고 계신다. 하나님의 자녀가 된 우리들이 예수님의 간절한 소망을 깨닫고 나가서 전해야 한다.

"예수 믿고 구원받으세요."
"예수님은 당신의 모든 병을 치유해 주십니다."

우리는 나가서 간단하게 이 한 마디만 해도 예수님은 우리에게 모든 권세를 주셔서 따르는 표적으로 열매가 맺도록 해 주신다. 성경은 분명하게 우리에게 약속해 주셨다.

> "그는 실로 우리의 질고를 지고 우리의 슬픔을 당하였거늘 우리는 생각하기를 그는 징벌을 받아 하나님께 맞으며 고난을 당한다 하였노라. 그가 찔림은 우리의 허물 때문이요 그가 상함은 우리의 죄악 때문이라 그가 징계를 받으므로 우리는 평화를 누리고 그가 채찍에 맞으므로 우리는 나음을 받았도다" (사 53:4-5)
> "친히 나무에 달려 그 몸으로 우리 죄를 담당하셨으니 이는 우리로 죄에 대하여 죽고 의에 대하여 살게 하려 하심이라 그가 채찍에 맞음으로 너희는 나음을 얻었나니" (벧전 2:24)

예수님은 우리를 위해서 슬픔을 당하였고 질고를 지셨다. 예수님은 우리의 죄악을 없애주기 위해서 십자가에서 피를 흘리시며 죽으셨고, 우리의 모든 병과 고통을 그 몸으로 다 담당하셔서 그 몸이 찢어지도록 채찍을 맞으셨다.

> "예수께서 나아와 말씀하여 이르시되 하늘과 땅의 모든
> 권세를 내게 주셨으니, 그러므로 너희는 가서 모든 민족을
> 제자로 삼아 아버지와 아들과 성령의 이름으로 침례를 베
> 풀고 내가 너희에게 분부한 모든 것을 가르쳐 지키게 하라
> 볼지어다 내가 세상 끝날까지 너희와 항상 함께 있으리라
> 하시니라" (마 28:18-20)
> "오직 성령이 너희에게 임하시면 너희가 권능을 받고 예
> 루살렘과 온 유대와 사마리아와 땅 끝까지 이르러 내 증인
> 이 되리라 하시니라" (행 1:8)

십자가에서 모든 피를 흘리시고 죽으셨던 예수님은 삼일 만에 부
활하셔서 우리와 사십일 동안 함께 계시며 하늘나라에 대해서 확실
하게 가르치시고 마지막으로 유언을 우리에게 남겨 주셨다. 마귀의
모든 권세를 깨뜨리신 예수님은 하늘의 권세와 땅의 모든 권세를 다
가지셨는데 그분이 세상 끝 날까지 함께 계시겠다고 약속하셨다. 누
구와 함께하시겠다고 하셨는가? 복음을 들고 나가서 모든 민족을
제자를 삼는 자에게 함께하시겠다고 약속하신 것이다.

> "내가 너희에게 뱀과 전갈을 밟으며 원수의 모든 능력을
> 제어할 권능을 주었으니 너희를 해칠 자가 결코 없으리
> 라" (눅 10:19)

"내 이름으로 무엇이든지 내게 구하면 내가 행하리라"(요 14:14)

예수님은 복음을 전하기 위해서 헌신한 주의 종들에게 무한한 능력을 주시고 너희를 해칠 자가 결코 없으리라고 약속하셨다. 겁내지 말고 나가 싸우라고 하신 것이다. 뿐만 아니라 예수님이 모든 명예와 능력과 권세를 우리에게 다 주셨다. 바로 '예수의 이름'을 주시면서 무엇이든지 예수 이름으로 구하기만 하면 예수님께서 다 시행해 주시겠다고 약속하셨다. 그러므로 우리도 베드로와 같이 담대하게 선언할 수가 있는 것이다.

"예수의 이름으로 일어나 걸으라!"

"우리 주 예수 그리스도의 은혜를 너희가 알거니와 부요하신 이로서 너희를 위하여 가난하게 되심은 그의 가난함으로 말미암아 너희를 부요하게 하려 하심이라"(고후 8:9)

뿐만 아니다. 모든 인간이 이 땅에서 살면서 당면한 문제가 무엇인가? 돈이다. 그런데 이 돈 문제도 주님께서 이미 다 해결해 주신 것이다. 가난은 절대 미덕이 아니다. 가난은 저주요 죄의 결과이다. 그런데 예수님께서 이미 모든 가난을 다 담당하셨다. 그리고 우리에게 부요를 주신 것이다. 가난은 절대 우리 몫이 아니다. 부요만이 우리가 누릴 몫이다. 그러므로 예수 이름으로 귀신을 쫓아내는 것처럼, 예수 이름으로 모든 병을 고치는 것처럼, 가난도 예수의 이름으로 쫓아내고 부요를 불러 드려야 한다.

"우리 집안에 흐르는 모든 가난아, 예수 이름으로 명령하노니 떠날지어다! 하나님께서 허락하신 부요야, 나에게 몰려올지어다!"

다시 말하지만 우리가 사람들을 구원하기를 원하는 것보다 예수님이 더, 더 훨씬 원하시고 이미 다 해결해 주셨다는 것을 잊지 말자.

예수님께서 십자가에서 마지막 운명하기 직전에 선포하신 말씀이 있다. 육신을 가지고 오신 예수님이 우리를 위해서 하실 모든 일을 끝마치시고 선포한 말이다.

"다 이루었다! It is finished! 테텔레스타이(Τετελεσται)!"

예수님이 하실 일은 다 이루신 것이다. 우리가 해야 할 일은 단지 예수님이 이루신 일을 전하기만 하면 된다. 예수님이 이루어 놓은 일을 선포해야 한다. 믿음으로 손을 얹어야 한다. 모든 민족에게 나아가서 전해야 한다.

우리는 너무나 많이 "예수님, 나에게 능력을 주시옵소서! 나에게 물질을 주시옵소서! 예수님, 나에게 병 고치는 은사를 주시옵소서!"

하고 기도한다. 이를 위해서 금식 기도도 한다. 작정 기도도 한다. 그러나 그것은 믿음이 없는 증거다. 예수님이 이미 다 이루어 놓으시고 다 우리에게 이미 주셨다. 믿고 나가서 전하고, 믿고 명령하고, 믿고 손을 얹기만 하면 된다.

"전도는 쉽다"라고 한 말을 다시 한번 생각해 보자. 우리가 해야 할 일은 거의 없다. 예수님이 다 이루어 놓으셨다. 단지 우리 입으로 전해야 한다. 우리 발로 모든 민족에게 나가야 한다. 우리 손으로 병든 자에게 손을 얹어야 한다. 금식 기도도 할 필요가 없다. 특별한 성경 공부를 따로 해야 할 필요도 없다. 어떤 자격증을 받아야 할 필요도 없다. 이미 약속하신 말씀을 믿고 나가서 실천하기만 하면 된다.

> "또 이르시되 너희는 온 천하에 다니며 만민에게 복음을 전파하라. 믿고 침례를 받는 사람은 구원을 얻을 것이요 믿지 않는 사람은 정죄를 받으리라. 믿는 자들에게는 이런 표적이 따르리니 곧 그들이 내 이름으로 귀신을 쫓아내며 새 방언을 말하며, 뱀을 집어올리며 무슨 독을 마실지라도 해를 받지 아니하며 병든 사람에게 손을 얹은즉 나으리라 하시더라. 주 예수께서 말씀을 마치신 후에 하늘로 올려지사 하나님 우편에 앉으시니라. 제자들이 나가 두루 전파할 새 주께서 함께 역사하사 그 따르는 표적으로 말씀을 확실히 증언하시니라" (막 16:15-20)

✝

3부

예수님이
함께하면…

1. 예수의 이름을 사용하라

　나에게 제일 먼저 일어난 기적은 귀신을 쫓아내는 것이었다. 나는 은사 중지론을 믿고 있었던 장로교회에 다녔기 때문에 귀신을 쫓아낸 경험도 없었고, 귀신을 쫓아내는 것을 본 적도 없었다. 그러나 성경말씀은 확실하게 믿고 있었기 때문에 귀신은 예수의 이름으로 쫓는다는 것을 알고 있었다.

　어느 날 운전을 하고 산모퉁이를 돌고 있었는데 갑자기 앞이 캄캄해지면서 가슴이 답답하며 숨 쉴 수조차 없게 느껴졌다. 나는 겨우 차를 멈추고 정신을 차리고 보니 바로 앞이 절벽인 것이 보였다. 그리고 길가에 사고 다발구역이라고 적혀 있는 것을 보았다. 나는 여전히 답답한 것을 느끼고 있었다. 그리고 본능적으로 이곳은 죽은 사람들이 많아서 귀신들이 있겠구나 하는 생각이 들었다. 나는 즉시에 "예수의 이름으로 명하니 귀신아 나가라!"라고 소리쳤다. 그러자 앞이 환하게 밝아지며 가슴이 답답했던 증상이 사라졌다. 나도 모르게 예수의 이름을 사용하여 귀신을 쫓아낸 것이다.

　그 후에 신유 사역을 하다 보니 교통사고는 거의 귀신들이 일으키는 것을 알게 되었다. 교통사고를 당한 사람을 위해서 기도하면 거의 귀신들이 드러나는 것을 알게 되었고 그 귀신을 쫓아내야 교통사고 후유증이 사라지는 것을 알게 되었다. 그리고 나에게 예수의 이름을 사용할 권세가 있다는 것이 얼마나 놀라운 일인지 감사하게 되었다.

예수님께서 우리에게 주신 것 중에 가장 중요한 것이 무엇일까? 나는 예수의 이름을 주었다고 믿는다.

> "너희가 내 이름(예수 이름)으로 무엇을 구하든지 내가 행하리니 이는 아버지로 하여금 아들로 말미암아 영광을 받으시게 하려 함이라. 내 이름(예수 이름)으로 무엇이든지 내게 구하면 내가 행하리라" (요 14:13-14)

예수의 이름으로 무엇을 무엇이든지 구하면 예수님께서 다 해 주시겠다고 약속하신 것이다. 그것은 기도한 후에 "예수님의 이름으로 기도합니다" 정도가 아니다. 구하면, 명령하면, 네가 말하면, 무엇이든지 예수님이 내가 말한 것을 이루어 주겠다는 엄청난 약속이다. 우리가 예수님의 이름을 사용하여 무엇을 명령하면 예수님이 명령한 것과 똑같이 해 주겠다는 것이다.

예수님이 천지를 창조하셨다. 천지를 창조하실 때 무엇으로 창조하셨는가? 말씀으로 창조하셨다. 예수님이 "빛이 있으라"라고 말하자 빛이 창조되었다. 예수님이 "궁창에 해와 달과 별이 있으라"라고 말하자 궁창이 생기고 그 안에 해와 달과 별들이 창조되었다. 그러한 놀라운 것들이 말씀 한마디로 생기게 된 것이다. 그런데 이 놀라운 말씀의 권위를 우리에게 주었다는 것이다.

> "내가 진실로 너희에게 이르노니 누구든지 이 산더러 들리어 바다에 던져지라 하며 그 말하는 것이 이루어질 줄 믿고 마음에 의심하지 아니하면 그대로 되리라" (막 11:23)

"말하면"이다. 믿음으로 명령하면 이루어진다. 예수의 이름으로 앉은뱅이를 보고 일어나 걸으라고 말하자 앉은뱅이가 일어나 걷기 시작했다. 예수를 믿는 자는 예수님의 권세를 동일하게 받게 된다는 것이다. 이 믿음을 가지고 "귀신아 떠나라"라고 말하면 귀신이 떠난다. "암병아, 떠나라"라고 말하면 암병이 떠나는 것이다.

왜냐하면 우리 안에 하나님이신 성령이 들어와 계시기 때문이다. "성령이 임하면 권능을 받고"의 권능은 바로 천사들을 말한다. 천사는 하나님이 부리는 영이다. 우리 안에 성령이 임하면 천사가 우리가 말하는 것을 이루어 준다.

> "모든 천사들은 부리는 영으로서 구원 얻을 후사들을 위하여 섬기라고 보내심이 아니냐" (히 1:14)

성령이 임하면 우리 주위에 수많은 천사들이 포진하고 있다. 그리고 우리가 명령하면 즉각 움직일 준비를 하고 있는 것이다. 이것이 바로 권능인 것이다. 예수의 이름으로 명령하는 순간에 천사들이 바로 움직인다.

우리는 마치 암행어사의 마패를 가진 것과 같다. "암행어사 출두요" 하는 순간에 어디선가 수많은 나졸들이 나타나는 것과 같다. 이와 같이 우리가 예수의 이름으로 명령하면 우리를 섬기라고 주위에 포진하였던 천사들이 즉시에 움직이는 것이다.

누구 집에 들어가면 그 집을 위하여 평안을 빌라고 하셨다. 내가 말하는 순간에 천사들은 이미 평안을 가지고 그 집에 들어간다. 그러나 그 집이 평안을 받아들일 형편이 안 되면 그 평안이 나에게 온다는 말이다.

> "또 그 집에 들어가면서 평안하기를 빌라. 그 집이 이에 합
> 당하면 너희 빈 평안이 거기 임할 것이요 만일 합당하지
> 아니하면 그 평안이 너희에게 돌아올 것이니라" (마 10:12)

나는 어느 사업장에 심방하게 되면 그 사업장에 사람들이 몰려올 것을 명령한다. 그리고 상담하는 가운데 주인은 "목사님께서 오시기 전까지는 조용했는데 목사님이 오시자마자 손님들이 줄서서 들어오는군요" 하는 소리를 자주 듣는다. 내가 그 사업이 번성하도록 기

도하면 그 사업이 정말로 더 잘되는 것이다. "목사님이 다녀가신 후에 매출이 엄청 늘었어요" 하는 소리도 자주 듣는다.

우리에게는 예수의 이름이 있다. 그 이름을 항상 활용해야 한다. 내 건강을 위해서 매일 명령하라. 내 사업을 위해서 매일 명령하라. 내 사역을 위해서도 매일 명령하라. 명령하면 이루어질 것을 믿고 선포하는 것이다.

"나는 매일 더 건강해지고 있다. 나는 매일 더 잘되고 있다. 나의 사역은 날마다 더 확장되고 있다."

예수의 이름으로 명령하면 그대로 이루어진다. 확실한 믿음을 가지고 명령해야 한다.

질병을 놓고도 기도하는 것이 아니라 명령하여야 한다. 간구 기도가 아니라 명령 기도다. "질병을 고쳐 주옵소서" 하는 간청이 아니라, 내게 이미 주어진 권세와 권능으로 "질병아 떠나라!"라고 명령하는 것이다.

성경을 연구하는 학자들이 오순절 이후에 사도들은 병을 고쳐 달라고 기도한 적이 없고 명령만 하였다고 한다. 예수님께서 믿는 자들이 간청하면 병을 고쳐 주겠다고 약속한 적이 없다. 병든 자에게 손을 얹고 명령하면 그 질병이 떠난다고 하였다. "예수의 이름으로 명령하니 질병아, 떠나가라. 흔적도 남기지 말고 떠나가라"라고 명령하는 것이다.

나에게 있는 가장 소중한 보배는 '예수의 이름'밖에 없다. 그 이름으로 내가 원하는 모든 것을 할 수 있다. 믿음은 바라는 것들의 실상이요 아직 보이지 않는 것들의 증거다. 내가 예수의 이름으로 바라고 구한 것은 반드시 이루어진다.

왜 우리에게 예수의 이름을 주셨을까? 성경에서 하나님이 가장 원하시는 것은 무엇일까? 구원받은 하나님의 자녀들이 해야 할 일이 무엇일까? 성경에서 가장 핵심적인 내용은 무엇일까?

무슨 책이든 첫 시작과 끝 부분을 보면 그 내용이 무엇인지를 알 수 있다. 성경도 역시 같다. 시작은 창세기 1장 1절이고 끝은 요한계시록 22장 21절이다.

"태초에 하나님이 천지를 창조하시니라" (창 1:1)
"주 예수의 은혜가 모든 자들에게 있을지어다 아멘" (계 22:21)

두 구절을 잠시만 연관 지어 생각해 보라. 하나님이 세상을 창조하신 목적이 바로 예수의 은혜로 모든 자들을 구원하는 것이구나 하고 금방 깨닫게 된다. 예수의 은혜, 예수님이 값없이 우리에게 주시는 선물, 그 선물을 모든 자들이 받아 누리게 하는 것이구나 하고 깨닫게 된다.

예수의 은혜가 구체적으로 무엇일까? 예수님이 다 이루어 놓으시고 우리에게 그것을 가지라고 하신 것이다. 그리고 갖게 하는 방법으로 우리에게 예수의 이름을 주신 것이다. 우리에게 주신 예수의 이름을 사용하여 하나님께서 원하시는 것을 우리가 하는 것이 하나님의 뜻이구나 하는 결론이 나온다.

2. 만민에게 복음을 전파하라

예수님이 이 땅에 오셔서 제자들에게 가르치시고 죽기 직전에 유언으로 남기신 말씀은 바로 '모든 민족에게 복음을 전하라'는 말씀이다. '만민에게 복음을 전파하라'는 것이 예수님이 간절하게 원하시는 뜻이다. 성경 마지막 결론도 '예수의 은혜가 모든 자들에게 있을지어다'인 것을 보면 구원받은 하나님의 자녀가 해야 할 일은 모든 세상 사람들에게 예수의 은혜, 바로 이 복음을 전하는 것이다.

> "그러므로 너희는 가서 모든 민족을 제자로 삼아 아버지와 아들과 성령의 이름으로 침례를 베풀고 내가 너희에게 분부한 모든 것을 가르쳐 지키게 하라. 볼지어다 내가 세상 끝날까지 너희와 항상 함께 있으리라 하시니라" (마 28:19-20)
> "또 이르시되 너희는 온 천하에 다니며 만민에게 복음을 전파하라. 제자들이 나가 두루 전파할새 주께서 함께 역사하사 그 따르는 표적으로 말씀을 확실히 증언하시니라" (막 16:15, 20)

이 책의 제목은 『전도는 쉽다: 예수님이 함께하면…』이다. 하나님이신 예수님이 우리와 함께하시면 당연히 전도는 쉽다. 이 말은 예수님이 십자가에서 우리의 모든 죄를 다 사해 주시고, 성령 하나님이 우리 안에 들어오셔서 하나님의 능력을 부어 주시고, 예수의 이름을 주셔서 예수의 이름으로 명령하면 예수님이 시행해 주시기 때문에 전도는 쉬운 것이다. 우리가 한 영혼을 구원하기 위해서 우리가 애쓰고, 우리가 노력할 필요가 전혀 없다. 단지 입을 열어 복음을 증거하기만 하면 예수님이 함께하시기 때문에 다 이루어지는 것이다.

그러나 누군가는 나가서 전해야 한다. 그래서 주님은 안타깝게 나가서 복음을 전할 사람을 찾고 있는 것이다. 하나님은 천사들을 통해서 일을 하신다. 하나님이 복음 전하는 일을 천사들에게 맡기시면 아주 간단할 것이다. 그러나 하나님은 복음 전하는 일만큼은 천사들에게 맡기지 아니하시고 우리 연약한 인간들에게 맡기신 것이다. 그 이유는 복음을 전하여 인간을 구원하는 상급이 가장 큰 상급인 생명의 면류관을 주시는데 이 상급을 천사들에게 주지 아니하시고 사랑하는 하나님의 자녀들에게 주시기 위해서다. 주님은 우리에게 이 상급을 주시기 위해 하나님의 자녀들에게 복음 전하는 사명을 맡기시고 주님을 위하여 선교지로 나가는 선교 지망생을 찾고 계시는 것이다.

그리고 모든 믿는 자들에게 "내가 너에게 모든 능력을 주겠고 너와 항상 함께하겠으니, 너희는 온 천하에 다니며 복음을 전하라"고 명령하신 것이다.

주님의 안타까운 심정을 깨달은 하나님의 자녀들이 선교지로 가서 복음을 전하는 것이다. 그러나 선교는 선교사 혼자만 하는 것이 아니다. 주님의 안타까운 심정을 깨달은 교회가 있어야 한다. "주는 그리스도시요 살아계신 하나님의 아들이십니다"라고 고백하는 그 고백 위에 예수님이 예수님의 몸인 교회를 세운 것이다. 그러므로 예수님의 몸인 교회는 예수님의 안타까운 심정을 깨달아야 하며 이러한 교회가 선교사를 파송하는 것이다.

"내가 또 주의 목소리를 들으니 주께서 이르시되 내가 누구를 보내며 누가 우리를 위하여 갈꼬 하시니 그 때에 내가 이르되 내가 여기 있나이다 나를 보내소서"(사 6:8)

1935년 1월 2일에 태어난 김광신 목사는 증조할아버지 때부터 예수 믿는 가정에 유아세례를 받은 모태 신앙인이었지만 확실하게 예수를 믿지 않다가 1977년(당시 42세) 8월 20일 새벽에 예수님을 만나고 완전히 변화된 삶을 살게 되었다.

그날 새벽에 멸망해 가는 예루살렘 성전을 바라보시며 우시는 예수님의 심정을 깨달은 김광신 목사님은 너무나 큰 충격을 받았다. 하나님이신 예수님이 영원히 멸망할 수밖에 없는 영혼들을 바라보며 직접 천사들을 통하여 세계 복음화를 하지 않으시고 왜 울고 계실까? 이런 의문을 붙잡고 기도한 끝에 성령님의 감동을 받게 되었다.

"하나님께서는 먼저 믿은 우리들에게 죽어 가는 영혼들을 구원하게 함으로써 상급을 받게 하시려고 하나님의 손과 발이 묶여 계신다."

주님께서 주신 해답은 교회의 사명도 선교요, 예수를 믿는 것도 선교라는 사명 의식이었다.

1979년에 미국 라미라다시에 있는 바이올라대학교(Biola University)의 탈봇 신학대학원에 입학하여 3년 동안 목회학 석사 과정을 마치고 1982년 5월에 김광신 목사님은 미국 캘리포니아 오렌지 카운티에서 세 가정과 함께 은혜한인교회를 시작하였다.

개척 당시 담임목회자로서 사랑하는 성도들에게 가장 좋은 것을 주기 원하던 김광신 목사는 이 세상의 어떤 것보다 영원토록 녹슬거나 도둑맞을 염려 없는 하늘나라에 상급을 쌓도록 해 주어야겠다는 생각을 갖게 되었다. 영혼 구원하는 일이 하나님께서 가장 귀히 여기시는 일이므로 가장 큰 상급이 있음을 믿고 목회 방향을 크게 두 가지로 설정하였다. 첫째, 잃어버린 영혼을 구원하자. 둘째, 이미 믿는 성도들이 하늘나라에서 가장 큰 상급을 받게 하자.

이러한 목회 방침에 따라 안으로는 예배와 성도의 양육에 전념하며, 밖으로는 전도와 선교에 혼신의 힘을 기울이게 되었다. 개척 당시부터 교회 재정의 50%를 선교비로 사용하기로 작정하고 시작된 은혜한인교회는 지금 세계 어느 교회와도 비교될 수 없는 많은 선교사를 파송하고 후원하는 교회가 되었다.

1982년 5월에 미국 플러톤에 소재한 미국 교회당의 건물을 임대하여 개척을 시작한 교회가 불과 2년 만에 350명의 성도로 성장하였다. 임대하여 공동으로 사용하던 미국 교회당에서는 더 이상 수용할수가 없게 되자 집중적으로 기도한 결과 놀웍에 소재한 고등학교 건물(다른 곳으로 이전하여 비어 있는 건물)을 임대하여 이전하게 되었다. 1984년 3월에 이주하여 첫 예배를 드리고 일주일 만에 성도수가 350명에서 480명이 되었다. 1985년 1월 주일예배 참석인원이636명이 되었고 신년도 예산을 150만 달러 중 50%인 75만 달러를선교예산으로 확정하였다. 1986년 1월 12일 주일예배 출석인원이개척한 지 4년 만에 1,265명을 기록하면서 폭발적인 성장에 한인 교계와 한인 사회에 놀라움과 선망의 대상이 되었다.

1996년 10월에 임대하여 10년 동안 사용하던 고등학교였던 건물을 통합교육국에서 더 이상 임대할 수 없다는 통보를 은혜한인교회에 하였다. 그렇다고 건축헌금을 비축해 둔 것도 아니고 어떤 건물을 살 수 있는 형편도 아니었다. 성인 출석성도 수가 2,000명이 넘는 교회가 갈 곳이 없었다. 전 교인이 집중적으로 기도한 결과 세계적인 관광명소인 디즈니랜드가 길 건너로 보이는 곳에 멜로디랜드(Melodyland)라는 유명한 뮤직 홀이었던 건물을 미국 교회가 인수하면서 은혜한인교회와 공동으로 사용하기로 계약하여 이전하였다. 불과 2달 만에 이루어진 기적이었다.

멜로디랜드로 이전하여 예배를 드린 지 6년째인 2002년에 애너하임에 있는 디즈니랜드가 은혜한인교회가 임대하여 사용하던 멜로디랜드 건물과 그 주위의 땅을 매입하였다. 은혜한인교회는 7월에 갑작스런 통보를 받고 갈 곳이 없어진 것이다. 급히 건물을 놓고 기도하던 중 이스트사이드(Eastside)교회의 담임목사인 제섭(Jessup) 목사와 점심식사를 하게 되었다. 은혜한인교회의 형편을 듣게 된 제섭 목사는 이스트사이드교회 건물을 같이 사용하자고 제의하였다. 그래서 이스트사이드교회에서도, 은혜한인교회에서도 긴급 당회를 열고 하나님의 인도하심으로 받아들이기로 했다. 그래서 2002년 이주 통보받은 3주 만에 8월 첫 주부터 이스트사이드 교회로 이전하여 예배를 드리기 시작했다.

전체 예산의 50%를 선교비로 사용하며 수많은 선교지에 선교사를 파송하고 선교지에 교회를 건축하며 신학교를 만들었지만 막상 본 교회는 교회당도 없이 임대하여 사용하던 은혜한인교회는 때가 되어서 교회당을 갖도록 주님이 인도하신 것이었다. 2000년 2월 7일에 일천번제 새벽기도회가 시작된 것이다. 500명이 넘는 성도들이 새벽기도회에 참석하며 헌물을 드리기 시작한 것이다. "여러분, 기절하지 마시고 들으세요. 솔로몬이 단번에 드렸다는 일천번제를 500명이 넘는 성도이 드리는 것입니다. 주님은 살아 계십니다. 그 주님이 우리와 함께하십니다."라는 말씀을 김광신 목사는 선포하였다.

일천번제 새벽기도회가 시작한 후에 놀웍 고등학교 건물에서, 애너하힘 멜로디랜드로, 풀러톤의 이스트사이드교회로 이전하며 본 교회당이 절실히 필요한 것을 전 성도들이 깨닫는 계기가 되었다.

이렇게 기도하는 가운데 김광신 목사에게 풀러톤에 소재한 푸드 (Food)회사가 사용하고 있는 땅을 보여 주셨다. 총면적 26.5에이커 (32,515평)에, 큰 건물 3개(건평 250만 sq ft: 70,300평)를 보여 주신 것이다. 그 회사가 아직 팔겠다는 광고가 나오기 전에 주님께서는 은혜한인교회가 갈 곳을 미리 알려 주신 것이다. 전 교회와 선교지 모든 교회가 함께 기도하였다. 드디어 2000년 8월 말에 푸드 회사의 사옥과 부지의 매매 절차가 정식으로 매듭짓게 되었다.

문제는 부지와 건물을 샀다고 해서 교회가 사용할 수 있는 것은 아니다. 플러톤 시의회로부터 본 장소를 교회로 사용할 수 있다는 허락(C.U.P)을 받는 것이다. 많은 시의원들의 반대가 있었지만 이스트사이드교회가 플러톤 시의회와 좋은 관계를 맺고 있었고 제섭 목사와 전 성도들이 적극적으로 섭외하여 CUP를 얻게 된 것이다.

은혜한인교회는 주님이 가장 원하시는 "땅 끝까지 복음을" 전하는 교회였다. 교회의 모든 예산의 50%를 선교비로 작정하고 집행한 것을 주님은 보고 계셨다. 교회의 표어도 "선교는 기도, 선교는 전쟁, 선교는 순교"라고 정하고 전 교인이 선교를 교회의 존재 이유로 생각하고 있었다.

개척 예배를 드린 후 2개월 만에 황운립 선교사를 괌으로 파송하였다. 1984년에 아프리카 감비아에 이재환 선교사를 파송하였고, 1986년에 김순성 선교사를 남미로, 윤요한 선교사를 아랍권으로, 김태원 성녀, 장재영 선교사를 유럽으로, 이계석, 연희 선교사를 중국으로, 사신웅 선교사를 LA 흑인 지역 선교사로 파송하였다. 1988년부터는 본 교회에서 운영하는 신학교 학생들이 졸업하기 시작했다. 1회 졸업생인 곽정국 전도사를 엘파소에, 천병기 전도사를 오하이오에, 홍춘기 전도사를 시카고로, 김종 전도사를 텍사스로, 장만호 전도사를 덴버로 개척 파송하였다. 1988년 10월에 남미에서 원주민 선교를 감당하던 김순성 선교사가 현지에서 순교하였다. 은혜한인 교회에서 첫 번째로 드린 순교의 제물이 된 것이다. 이때부터 본격적인 선교가 불이 붙기 시작되었다.

1989년에 김민섭, 린다 선교사를 네덜란드로, 김재한, 현주 선교사를 베네수엘라로, 장성렬 선교사를 일본으로, 이광재 선교사를 방송선교로, 조영인 선교사를 청소년 선교사로, 정은실 선교사를 남미 볼리비아, 이길소 선교사를 남미 칠레로 임명 파송하였다.

1990년 3월부터 소련이 개혁의 바람이 불기 시작하면서 수많은 소련인들이 유럽으로 넘어오고 있다는 소식을 듣고 그들을 전도하기 위해 유럽에서 핫도그 선교를 시작하였다. 본 교회에서 파송된 5명, 현지인 5명이 매일 1천 개의 핫도그를 만들어 유럽으로 넘어오는 소련인들에게 전도지를 주며 선교를 하였다. 5월에 우리가 전혀 알지 못하고 있었던 소련에 개혁의 징조가 보인다는 소식을 듣고 안동주 목사, 홍성훈 목사, 정준규 집사를 현지답사로 파송하였다. 7월에는 대학생들과 고등학생들이 한국 전통 무용, 사물놀이 등을 배워서 소련 찬양 선교단을 구성하여 1개월 동안 구소련 전 지역을 돌면서 전도하였다. 9월에는 찬양선교단이 공연할 때 전도된 사람들을 중심으로 소련 땅에 단기 성경학교를 세우며 교회를 세우기 위해 소련 선교사들을 파송하였다. 모스코바에 선교센터를 만들고, 홍성훈 안동주, 이충환, 이인옥, 박진영, 정준규, 정시티, 이정우, 천병기, 김성재 선교사를 소련 각 지역으로 파송하였다.

1991년에는 김삼성 옥경, 유의경 정일, 이선자 선교사를 소련으로, 강창호 선교사를 네덜란드로, 박희민 선교사를 헝가리로, 박성근 선교사를 일본으로, 정방영 선교사를 노르웨이로, 이상건, 정문희 선교사를 대륙으로, 백성현 선교사를 베네수엘라로, 정윤희 선교사를 네덜란드로, 이광섭 선교사를 스웨덴으로 임명 파송하였다. 1992년 5월에는 당시 소련에 41명의 선교사가 파송되었고 각 지역에 40개의 교회가 개척되었다. 그리고 모스코바, 사할린, 키르기스스탄, 비쉬캑, 타지키스탄, 두산베, 우크라이나 등에 신학교가 세워져서 수많은 주의 종들이 배출되어 러시아 전역에 교회들이 무수히 세워지고 믿는 성도들이 수십만 명에 이르게 된 것이다.

소련 선교는 은혜한인교회 선교 역사의 큰 변화의 전환점을 가져왔다. 오랫동안 철의 장막 속에 가려져 있던 공산주의가 그처럼 쉽게 무너질 줄은 상상도 못한 일이었다. 은혜한인교회는 복음을 듣지 못한 소련인들을 위해 기도해 왔고 1990년 5월 1일 첫 번째 현지답사를 하게 되었다. 소련의 문이 열린다는 소식을 듣고 1990년 7월 1일에 급속히 만든 찬양선교단을 파송 공연하였고, 그 결과 1990년 7월 15일에 하바롭스크에 첫 교회를 설립하게 되었고 그 후 많은 선교사들을 소련에 계속 파송했다.

이 모든 과정에서 우리는 하나님께서는 이 모든 일을 직접 주관하신 것을 알 수 있었다. 현지답사 팀이 모스코바에 도착하여 한인들이 많이 살고 있으리라고 생각한 하바롭스크행 국내 비행기를 탔다. 비행기 안에서 우리와 비슷한 사람이 탄 것을 보고 인사를 하자 그도 깜짝 놀라서 한국말로 인사하는 것이었다. 우리는 미국에 살고 있는데 소련의 문이 열린다는 소식을 듣고 소련에 사는 동포들을 위해 민속무용 팀을 이끌고 동포들이 많이 사는 곳을 찾아 공연할 계획을 가지고 답사 왔다고 하자, 그도 너무 반가워하면서 자기를 소개하는 것이다. 그는 소련이 문이 열리게 되면 소련에 사는 우리 동포들도 연합하기 위해 모스코바에서 회의를 하고 가는 중이라고 하며 자기는 하바롭스크 교민회장이라고 하는 것이었다. 그리고 자기가 공연장 준비 및 공연을 주관하겠다고 하는 것이었다. 우리는 아무런 계획도 없이 무작정 가고 있었는데 하나님께서 이렇게 준비해 놓으신 것이다. 하바롭스크 교민회장인 주치명이 우리 민속무용찬양팀을 각지에 소개하여 공연 일정이 잡히게 되었고 한 달간의 공연을 성황리에 마치게 되었다.

소련 공산주의 치하에서 지내던 그들에게 복음을 전할 수 있을까, 국가 당국은 어떤 반응을 보일 것인가, 두려워하면서 시작된 공연은 하나님께서 미리 준비해 두셨다는 것을 알게 되었다. 공연을 마치고 간단하게 복음을 제시하고 결신할 사람들을 불렀을 때 2/3 이상이 손을 드는 것이었다. 얼마나 감격하며 눈물을 흘렸는지 모른다.

민속무용찬양팀을 이끌고 소련에 갈 계획을 했을 때 난관이 한두 가지가 아니었다. 한 달 안에 민속무용찬양팀을 만들어 소련에 가야 하는데 누가 찬양팀을 만들고 가르칠 것인가, 민속무용은 누가 가르칠 것인가, 통역은 누가 할 것인가? 변영희가 찬양을, 정시티가 민속무용을 맡겠다고 하였으나, 누군가는 통역을 해야 할 텐데 러시아어를 하는 사람을 구할 수가 없었다. 기도제목을 올리고 함께 기도하자 김정재라는 한 대학생이 찾아온 것이다. 그녀는 의대 지원생으로 예과를 마치고 의대로 지원하려고 했는데 기도 가운데 러시아어를 공부하라는 성령의 음성을 듣고 러시아어를 4년 동안 공부하고 소련 현지에도 가서 학습했다는 것이다. 하나님께서 예비하신 것이다.

러시아 전역을 돌면서 통역을 하던 그 대학생이 그 후 소련 선교사가 되었고, 그녀의 어머니 최정진은 구소련 알타이공화국의 선교사로, 그녀의 삼촌 최윤섭은 타지키스탄의 선교사로 파송되어 지금까지 목숨을 걸고 열심히 선교하고 있다.

이렇게 불이 붙은 소련 선교에서 빼놓을 수 없는 것은 소련 대형 집회다. 한국민속무용찬양팀이 소련에 들어간 지 2년 만에 곳곳에 교회가 세워지고 부흥하기 시작하는 것이었다. 그 넓은 소련 땅에 세워지는 교회들에게 일체감을 심어 주고, 소수라는 열등감을 없애 주고, 올바른 교회상을 심어 주기 위해서 대형집회를 계획한 것이다. 1993년 7월에 쌘 빼쩨부르크에 모인 러시아 교인들은 1만 명이 넘었다. 1994년에는 모스크바 국제올림픽 실내운동장에는 1만 3천여 명의 성도들이 모였다. 소련 전 지역에서 몰려온 것이다. 멀리 떨어진 사할린에서는 1주일 넘게 기차를 타고 온 것이다. 감격이 아닐 수 없었다. 이 일을 위해서 은혜한인교회에서는 600여 명이, 한국에서 300여 명, 유럽에서 100여 명의 성도들이 팀 멤버로 참석하여 봉사하였다. 단일교회의 해외 선교에 이렇게 많은 성도가 참석한 것은 천국의 기네스북에 기록될 것이다.

소련 이외에도 중남미 전 지역에, 아시아 전 지역에, 아프리카 전 지역에 선교사를 파송하고 현지에 신학교를 세워서 선교를 하고 있는 중이다. 교회성장 연구소를 운영하고 있는 피터 와그너 박사의 말에 의하면 단일교회로서 이렇게 많은 선교를 한 기록은 역사상 처음 있는 일이라고 하였다.

왜 이렇게 일개 교회의 이야기를 장황하게 소개하고 있는가를 아시기 바란다. 본 책자의 제목이『전도는 쉽다: 예수님이 함께하면…』이다. 우리 주 예수님은 하나님이시다. 그분은 모든 것을 아시고 준비하시고 우리들에게 나가서 싸우라고 하시는 분이다. 지난 18년 동안 본당 교회도 없이 임대하며 지내던 교회를 가장 좋은 위치에 가장 아름다운 교회로 갖게 하신 것도 주님이 함께하신 것이요. 주님의 유언을 지키기 위해 목숨을 걸고 선교에 온 힘을 기울일 때 세계 곳곳에 선교지를 예비하시고 선교사가 들어가기만 하면 놀라운 기적 같은 일이 일어나며 교회가 세워지고 수많은 사람들이 주님께 돌아오는 것은 분명 주님이 함께하시기 때문이다.

3. 따르는 표적이 임해야 한다

"믿는 자들에게는 이런 표적이 따르리니 곧 그들이 내 이름으로 귀신을 쫓아내며 새 방언을 말하며, 뱀을 집어올리며 무슨 독을 마실지라도 해를 받지 아니하며 병든 사람에게 손을 얹은즉 나으리라 하시더라. 주 예수께서 말씀을 마치신 후에 하늘로 올려지사 하나님 우편에 앉으시니라. 제자들이 나가 두루 전파할새 <u>주께서 함께 역사하사</u> 그 따르는 표적으로 말씀을 확실히 증언하시니라" (막 16:17-20)

"그러므로 너희는 가서 모든 민족을 제자로 삼아 아버지와 아들과 성령의 이름으로 침례를 베풀고, 내가 너희에게 분부한 모든 것을 가르쳐 지키게 하라 볼지어다. 내가 세상 끝날까지 너희와 항상 함께 있으리라 하시니라" (마 28:19-20)

전도는 쉽다. 예수님이 함께하면 예수님이 함께하면, 예수의 이름으로 명령하면, 귀신이 쫓겨나며, 새 방언을 주셔서 영적인 기도를 하게 되어 성령 충만을 받고 능력이 따르게 되며, 병든 자들에게 손을 얹기만 해도 모든 병이 치유되는 것이다. 이 약속은 예수님이 지상 사역을 마치시고 십자가를 지시고 운명하기 직전에 우리에게 약속하시며 유언으로 남기신 말씀이다.

그런데 정말로 이 약속이 오늘날도 이루어지고 있는가? 사도행전에 나온 초대교회에서는 이 약속이 정말로 이루어졌고, 그래서 수많은 사람들이 예수를 믿고 교회가 세워졌는데 오늘날은 왜 그러한 일들이 이루어지고 있지 않은가?

주의 부르심을 받고 주의 종이 되어 교회를 개척하면 당연히 수많은 사람들이 예수를 믿고 교회가 크게 성장할 것을 믿고 교회를 개척한다. 그러나 나의 믿음과 달리 교회는 성장하지 않고 겨우 몇십 명만이 모인 교회를 운영하다 보면 너무 안타까워서 금식 기도를 하게 된다. 나도 능력을 받기 위해 금식기도도 수없이 많이 했다. 3일 금식기도는 셀 수 없이 많이 했고, 20일 금식기도도 5번 이상을 했고, 목숨 걸고 매달리기 위해서 40일 금식기도도 산속에서 물만 마시고 쓰러지기 직전까지 했었다. 그러나 약속의 표적이 잘 나타나는 것은 아니었다. 왜 그럴까?

"예수 그리스도는 어제나 오늘이나 영원토록 동일하시니라" (히 13:8)

예수님은 어제나 오늘이나 영원토록 동일하신다고 분명히 약속하셨다. 초대교회 때 기사와 표적이 일어났다면 성령을 물 붓듯이 부어 주시는 말세 교회에 더 강력히 일어나야 하지 않겠는가?

> "하나님이 말씀하시기를 말세에 내가 내 영을 모든 육체에 부어 주리니 너희의 자녀들은 예언할 것이요. 너희의 젊은이들은 환상을 보고 너희의 늙은이들은 꿈을 꾸리라. 그 때에 내가 내 영을 내 남종과 여종들에게 부어 주리니 그들이 예언할 것이요" (행 2:17-18)

현대 교회에서 병이 낫지 않은 이유는 몇 가지가 있다. 잘못된 신학자들이 예수 믿으면 성령이 자동적으로 임한다고 가르치기 때문에 성령을 받지도 못하고 목회하는 목사들이 많이 나오고, 이러한 목사들이 세운 교회에서는 절대로 능력이 따르지 않는다. 그리고 그들은 병 고침을 은사로 보기 때문이다. 물론 병 고침은 성령이 부어 주시는 은사이기도 하다. 은사로 주시는 것은 성령님이 주시기 때문에 은사를 받기 위해서 매달리며 기도는 할 수 있으나 가르칠 수는 없다. 그러나 예수님이 유언으로 주신 말씀은 은사로 주신다는 말씀이 아니다. "믿는 자는"이라고 하였다. 믿는 모든 자들에게 동일하게 따르는 표적으로 주신다고 하였다.

그래서 먼저 깨달은 우리 선배들이 병 고침을 가르쳤고, 또 그들에게 배운 대로 하면 동일하게 병 고침이 따르는 것을 볼 수 있다.

그러나 잘못된 신학을 배운 목사들이 병 고침을 은사로 보기 때문에 교회에서 병 고침이 일어나지 않아도 아무렇지도 않게 여기고 있다. 목사가 되어 목회를 하면서 병 고침의 은사를 받기 위해 한두 번 기도해 보지 않은 목회자들은 거의 없을 것이다. 그렇게 기도하다가 은사가 안 따르면 나에게는 병 고치는 은사를 주시지 않으셨는가 보다 하고 포기해 버리고 자기 합리화해 버린다. 그러나 예수님의 유언의 말씀에는 분명히 "믿는 자는"이라고 했다는 사실을 잊지 말자.

나는 어렸을 때부터 예수를 믿고 신앙생활을 해 왔었다. 나는 정말로 하나님의 아들이 되었다는 사실을 가장 기쁘게 생각하며 항상 하나님 아버지를 의지하고 신앙생활을 하였다. 지금까지도 하나님 아버지의 인도하심이 아니었다면 오늘날 내가 있을 수도 없다는 것을 알고 있다.

나는 시골에서 가장 가난한 집안 출신으로 중학교 갈 형편이 못되어서 중학교를 다닐 생각초차 못할 때 국민학교 교장선생님이 입학원서를 가져와서 시험이라도 보라고 권유해서 시험을 보았는데 다행히 장학생으로 선발되어 학교를 다니게 되었다. 10km가 넘는 길을 아침저녁으로 걸어다니며 중학교를 졸업하였다. 내가 고등학교를 다닐 때가 가장 힘든 시기였다. 신문팔이, 구두닦이 등을 하면서 겨우 야간 고등학교를 다녔다. 굶기를 밥 먹듯이 하면서 공부를 하였지만 나에게는 공부할 시간도 없었다. 나의 학창 시절을 되돌아 생각해 보면 정말로 대견하다고 칭찬해 주고 싶다. 참고서 한 권 사본 적도 없었고, 따로 앉아 공부할 시간도 없었고, 집에서 책상 앞에 앉아 본 적도 없었다. 한 번도 책상을 가져 보지 못했기 때문이다. 그런데도 하나님 아버지께서는 나를 일등으로 고등학교를 졸업하게 해 주셨다.

> "여호와께서 너를 머리가 되고 꼬리가 되지 않게 하시며 위에만 있고 아래에 있지 않게 하시리니 오직 너는 내가 오늘 네게 명령하는 네 하나님 여호와의 명령을 듣고 지켜 행하며, 내가 오늘 너희에게 명령하는 그 말씀을 떠나 좌로나 우로나 치우치지 아니하고 다른 신을 따라 섬기지 아니하면 이와 같으리라" (신 28:13-14)

내가 의지할 분은 하나님 아버지뿐이었다. 그래서 나는 아무리 바빠도 가까운 교회에 나가서 새벽기도를 하였고, 내 마음에 하나님 아버지를 잊어 본 적이 없었다. 하나님 아버지께서는 나를 축복해 주셔서 성경의 약속의 말씀대로 나를 항상 일등이 되게 하셨다. 국민학교, 중학교, 고등학교도 일등으로 졸업하게 하시고 내가 은행 입행 시험을 볼 때도 일등으로 합격하게 해 주셨다. 은행에서도 본점에 근무하며 재무부장관상까지도 받게 하셨다. 그리고 내가 군대 생활을 할 때는 참모총장상까지도 받게 하셨다. 내가 미국에 이민 가서 우체국에 근무할 때도 우정성 장관상까지도 받게 하셨다. 이것은 전적으로 하나님 아버지의 인도하심이 아니면 있을 수 없는 일이다.

그렇게 하나님의 축복을 받고 신앙생활을 하다가 어느 날 성령을 받게 되었다. 세상이 완전히 변하였다. 지금까지는 내 위주로 세상을 보고 살아왔는데 그날부터 나는 없어지고 오직 주님만이 내 삶에 목표가 되었다. 거의 한 달 동안 감격하여 눈물을 흘리고 주님의 참뜻을 깨닫지 못하고 세상을 허송세월 한 것이 너무나 죄송하여 주님께 완전히 헌신하기로 하였다.

신학교에서도 열심히 공부하였다. 정말로 다행인 것은 성령을 받고 완전히 변하였던 김광신 목사님을 만나게 된 것이었다. 그분의 가르침을 받고 그분과 함께 은혜한인교회를 섬기게 된 것이었다. 그분은 매일 3시간씩 기도를 하였고 주일 예배 시간에는 한 시간 전부터 예배당에서 통성으로 방언 기도를 하셨던 것이다. 그래서 예배 시간이 완전히 성령 충만한 예배를 드리게 되었고 따르는 표적이 예배시간에 나타나는 것이다.

은혜한인교회에서는 귀신이 쫓겨나고 병든 자가 치유받는 것은 너무나 당연한 일이 되었다. 은혜한인교회에서 신앙생활을 하고 목회자 훈련을 받았던 선교사들이 세계 곳곳에 파송되어 선교를 할 때 선교지마다 놀랍도록 부흥 성장한 것은 당연한 일이다. 예수님께서 함께 역사하사 따르는 표적이 임하였던 것이다.

나는 신학교를 졸업하고 은혜한인교회에서 부목사를 하다가 교회를 개척하였다. 내 평생에 의지할 분은 하나님 아버지뿐이셨다.

개척 교회를 할 때도 역시 하나님 아버지께 간절히 기도하며 목회를 시작하였다. 귀신이 쫓겨나고 병든 자에게 손을 얹으면 치유되는 것은 너무나 당연한 일이었다. 교통사고를 당하여 일주일 이상 꿈적도 못한 어느 여자가 있다는 소식을 듣고 기도해 주러 심방하였다. 침대에서 일어나지도 못하였던 그 여자는 울고 있었다. 침대에서 울고 있던 그 여자에게 내가 기도하려고 손을 얹자마자 벌떡 일어나서 얼마나 놀랐는지 모른다. 그 여자 분이 자기가 아는 사람들에게 연락하여 우리 교회에 등록하였다.

1990년 여름철에 홍콩 A형 독감이 유행하였다. 열이 거의 40도나 올라서 숨쉬기조차 힘들었던 독감이었다. 나는 기도 가운데 독감은 유행성이다, 그리고 그 원인은 귀신들이 옮긴다는 생각이 들어 독감 들린 사람을 붙잡고 독감 귀신을 쫓아내었다. 숨도 제대로 못 쉬던 사람이 금방 숨이 정상이 되고 열도 내리며 깨끗이 낫는 것을 보았다. 그 소문이 나서 한때 독감 걸린 사람들이 곳곳에서 초청하여 얼마나 바쁘게 돌아다녔는지 모른다. 유행성 독감 귀신은 금방 들어온 놈들이다. 나갈 때도 금방 나간다.

"야, 더러운 독감 귀신아! 내가 우리 주 예수의 이름으로 명령하니 지금 당장 나가라!"

그러면 독감 귀신은 그 사람을 쓰러뜨리고 금방 나간다. 얼마나 쉬운 일인가!

4. 성령의 인도하심

주의 사역은 우리가 계획하고 우리가 사역하는 것이 아니다. 주의 사역은 주님께서 시키는 것을 순종하는 것이다. 나에게 신유의 은사가 임하고 귀신을 쫓아내는 권능이 임했다고 할지라도 항상 기도하고 주님의 인도하심을 받아야 한다.

사도 바울은 우리 사역자들이 항상 따라야 할 귀한 분이시다. 내가 성경에 나오는 사람들 중에 누구를 가장 존경하고 따르기를 원하느냐고 묻는다면 나는 예수님 다음으로는 사도 바울이라고 확실하게 대답할 것이다. 사도 바울이 없었다면 신약 성경도 없었을 것이고, 오늘날 우리 교회들도 없었을 것이다.

신약성경 27권 중 바울이 쓴 책이 13권이나 된다. 사도행전의 절반 이상이 사도 바울의 전도 사역이다. 그렇다면 신약 성경의 절반 이상을 사도 바울이 썼다고도 할 수 있다. 더구나 사도 바울은 예수님이 직접 훈련시킨 제자가 아니다. 이미 예수님은 십자가에서 죽으시고 삼일 만에 부활하셔서 제자들을 가르치시고 승천하신 후에 성령을 제자들에게 보내 주셔서 제자들이 성령 충만하여 곳곳에 복음을 전파하시며 교회들을 세우고 있었다. 그런데 주님께서는 사도 바울을 택하셔서서 주의 사역자로 삼으신 것이다.

오늘날 예수님을 직접 보지도 못하고 주의 사역자들이 되어서 주의 일을 하는 것과 같은 사람이 사도 바울이다. 그런데도 바울은 신약 성경의 절반 이상을 우리에게 남겼고 그의 서신서들을 통해서 교회가 어떻게 세워져야 하며 교회가 해야 할 일이 무엇인지를 알려주고 있다.

사도 바울이 이렇게 주님 앞에서 크게 쓰임받은 것은 성령의 인도하심을 항상 받았기 때문이다. 물론 학식도 당시 최고의 학부 출신이고 출신 가문도 당시 최고의 가문이었다. 그러나 바울은 이런 것을 분토(똥거름)처럼 버리고 오직 성령의 인도함만 받았다고 기록하고 있다. 성령의 인도함을 받기 위해서는 영의 기도를 쉬지 않고 해야 한다.

"내가 너희 모든 사람보다 방언을 더 말하므로 하나님께
감사하노라" (고전 14:15)

영의 사람이 되기 위해서는 영의 기도를 하여야 한다. 사도 바울은 영의 기도, 즉 방언 기도를 누구보다도 더 많이 했다. 그 결과 항상 성령 충만했고 성령의 지시하심을 받으며 사역하였다.

"주를 섬겨 금식할 때에 성령이 이르시되 내가 불러 시키
는 일을 위하여 바나바와 사울을 따로 세우라 하시니 이에
금식하며 기도하고 두 사람에게 안수하여 보내니라. 두 사
람이 성령의 보내심을 받아 실루기아에 내려가 거기서 배
타고 구브로에 가서" (행 13:2-4)

금식하며 기도할 때 성령의 지시하심을 받게 되었다. 그리고 성
령의 지시하심을 따라 바울의 전도여행이 시작되었다. 사도행전에
서 자주 '성령의 지시하심'이라는 단어와 '성령과 우리'는 단어가 많
이 나오는데 이는 그들이 모든 결정을 하기 전에 방언 기도를 많이
하고 성령의 인도함을 받았다는 뜻이다.

"성령이 아시아에서 말씀을 전하지 못하게 하시거늘 그들
이 브루기아와 갈라디아 땅으로 다녀가 무시아 앞에 이르
러 비두니아로 가고자 애쓰되 예수의 영이 허락하지 아니
하시는지라" (행 16:6-7)

바울은 비두니아로 가려고 계획하고 떠날 준비를 할 때 성령이 허
락하지 아니했다고 한다. 성령의 음성을 듣는 방법은 역시 방언기도
뿐이다. 방언 기도를 할 때 성령의 뜻을 깨닫게 된다. 기도하는 가운
데 환상을 보게 되었는데 "마케도니아로 건너와 우리를 도우라"는
음성을 들었다. 그래서 배를 타고 마케도니아의 첫 도시인 빌립보에
오게 되었다. 이곳에서도 기도처소를 찾기 위해 강가로 나갔다.

사도행전 16장 13절에 보면 "안식일에 우리가 기도할 곳이 있을까 하여 문 밖 강가에 나가"라고 기록하고 있다. 기도는 아무 곳에서 할 수도 있다. 그러나 사도 바울은 부르짖어 기도하였던 것이다. 그리고 방언 기도는 부르짖어 하는 기도이다. 그래서 숙소에서 기도할 수가 없어서 마음껏 부르짖어 기도해도 좋을 만한 장소를 찾기 위해 한적한 강가로 나갔던 것이다. 거기서 루디아를 만나게 되었고 빌립보교회가 세워지게 되었다.

그러나 우리가 항상 기억해야 할 것은 성령의 인도함을 받고 가면 모든 일이 순조롭게 잘 풀린다는 것이 아니다. 루디아를 예비하여 교회가 시작되었다면 순조롭게 부흥, 성장해야 할 텐데, 바울은 귀신 들려 점하는 여자를 보고 귀신을 쫓아내었다. 그 결과 감옥에 끌려가서 심히 매질을 당하고 감옥에 갇히게 되었다.

그러나 항상 마지막에 어떻게 되었는가를 살펴보아야 한다. 밤중에 바울과 실라가 기도하고 하나님을 찬미하였더니 큰 지진이 나서 옥 터가 움직이고 문이 곧 다 열리며 모든 사람의 매인 것이 다 벗어졌다(행 16:26). 이 사건으로 말미암아 감옥에 갇혀 있었던 죄수들도, 간수까지도 예수를 믿게 되어 빌립보교회가 든든히 세워진 것이다.

사도 바울이 가는 곳마다 유대인의 방해가 있었다. 그러나 그로 말미암아 바울이 로마 총독 앞에 가서 복음을 전할 기회가 되었고 유럽 전체에 복음이 들어가게 된 것이다.

마치 사도 바울이 성령 충만하여 주님의 인도함을 받았던 것처럼 미국 은혜한인교회도 같은 길을 갔던 것을 나는 몸소 체험하였다. 교회가 갑자기 부흥, 성장하자 제일 먼저 반대에 나선 사람들은 주위에 있었던 교회들이었다. 처음에는 김광신 목사가 어디서 최면술을 배워 와서 사람들을 유혹하고 있다고 하면서 절대적으로 김광신 목사를 만나면 안 되고 만난다고 할지라도 눈을 마주치면 안 된다고 신문에 대서특필하며 반대하다가 다음에는 우리와 전혀 관계도 없는 한국의 어떤 교회와 연관 지어 이단 시비를 하였다. 그러나 주님은 믿는 자들을 계속 은혜한인교회로 보내 주셔서 교회가 크게 부흥하게 되었다. 자체 교회도 없이 모든 재정의 50%를 선교에 올인하였더니 결국은 미국에서 가장 크고 아름다운 교회로 만들어 주셨다.

은혜한인교회에서 파송된 선교사들도 마찬가지였다. 솔직히 말하면 파송된 선교사들은 제대로 훈련을 받은 사람들도 아니었다. 유명한 신학교를 나온 사람들도 아니었다. 은혜한인교회가 세워지며 기도에 힘을 쓰고 성령 충만하여 따르는 표적들을 몸소 체험했던 평신도들이었다.

정준규 선교사는 교회에서 비디오 촬영을 하던 평신도였다. 그가 최초로 소련 탐방을 하였고 바로 민속무용찬양단과 함께 소련 전 지역을 선교여행을 할 때 함께 동참하였다. 그리고 그의 아내 정시티 선교사는 무용찬양단의 민속춤을 담당하였던 평신도였다. 그들이 소련 땅에서 성령의 역사하심을 몸소 체험하고는 하바롭스크에 남아서 소련 땅에 최초의 교회를 세웠다. 그들은 신학교를 졸업도 못하고 다니던 중에 선교사로 파송하였지만 기도에 힘쓰고 성령 충만하여 따르는 표적들이 나타나자 공산치하에서 종교도 없었던 그들이 교회로 몰려오자 2천 명 이상이 되는 교회로 성장하였고 그의 전도로 예수를 믿고 헌신한 제자들을 훈련시켜 하바롭스크 일대에 수많은 교회를 개척하게 한 것이다.

1993년에 우크라이나에 들어가서 우리가 상상했던 그 이상의 큰 성과를 이루고 있는 김교역 선교사도 마찬가지다. 구소련이 무너지고 있을 때 김교역 선교사는 김광신 목사의 권유로 모스크바에 들어갔다. 기도하는 가운데 우크라이나가 떠올라서 우크라이나가 어디에 붙어 있는지도 모르고 무작정 사모와 함께 들어갔다. 주님께서는 모든 걸 예비하시고 기도하는 주의 종들을 불러서 사용하시는 것이다. 통역자로 고려인이었던 이라를 붙여 주시고 함께 주의 복음을 전하기 시작했다. 우크라이나 수도인 키이우에 교회를 개척하여 사역하면서 1996년 11월부터 기독중고등학교를 설립하였고 현재는 초등학교까지 운영하고 있다. '은혜장로교단'이라는 이름으로 등록하였고, 교단 신학교는 2005년에 정식으로 등록하여 신학생들을 가르치고 있다. 현재 알코올 중독자를 위한 재활원이 5개 도시에서 운영되고 있으며 고아원도 운영하고 있다. 이 모든 것이 하나하나 성령의 인도함으로 운영되고 있으며 신학생들이 졸업하여 우크라이나 전역에 교회가 개척되었고 기독중고등학교 졸업생들이 졸업하여 우크라이나 정치계에도 들어가서 활발히 활동하고 있다.

2022년 2월 24일 러시아가 우크라이나를 침공하여 발생한 전쟁으로 키이우가 공격을 받을 때 대부분의 선교사들은 본국으로 돌아갔으나 김교역 선교사는 현지 교회와 교인들을 생각하며 전쟁 중에 현지에 남아 그들을 위해 기도하고 필요한 것들을 도와주기로 결심하였다. 폭격으로 집이 무너져 갈 데 없는 현지인들을 교회로 수용하고 그들에게 먹을 것을 제공하기 시작했다. 전쟁 중에도 주님의 마음으로 그들을 돌보자 수많은 사람들이 교회로 몰려오기 시작했고 옆 나라 폴란드로 피난 갔던 교인들을 중심으로 폴란드에도 교회가 세워지고 사역이 활발하게 전개되고 있다. 어디에서 필요한 그 많은 물자들이 모이는지 상상도 못 한 일들을 하고 있다. 우리가 죽으면 죽으리라 하는 각오로 주님께 헌신할 때 주님은 모든 것을 예비하시고 공급하여 주신다. 김교역 선교사의 사역을 보면 마치 사도 바울이 한 치 앞을 보지 못하면서 믿음으로 발을 떼는 곳마다 주님께서 인도하셨던 것을 알 수 있듯이 김교역 선교사를 통해 우크라이나에서 놀라운 일들이 이루어지고 있는 것이다.

　　은혜한인교회에서 파송된 선교사들은 모두 이와 같이 성령의 인도함을 받고 순종하여 갔더니 놀라운 일들을 이루었던 것이다. 우리는 다 일반 사람들이다. 하나님께서는 각자에게 자유의지를 주셔서 모든 사람들이 자기 나름대로 판단하고 결정하면서 살아간다. 그러나 성령의 인도함을 받는다는 말은 기도하며 성령께서 지시함을 받고 순종하며 살아간다는 말이다. 성령의 인도함은 먼저 기록된 말씀을 통해서 온다. 또는 성경 말씀은 확실하게 알지 못하지만 마음의 소원을 주시고 이루어 가시기도 한다(빌 2:13). 먼저는 마음의 소원이었지만 기도하면서 살펴보았더니 성경에 그 말씀이 있었다는 것을 후에 알게 되고 확신을 가지고 실천하는 경우가 많다. 모두 다 기도 가운데 일어난 일이다.

나는 그동안 기관 목회를 하였다. 교단 상임총무 일을 하면서 각 교회에 필요한 일이 무엇일까 생각하며 그들을 돕는 데 최선을 다했다. 나는 신학교 교수로 각 지역을 다니며 가르치기도 하였다. 기관 목회를 하다 보니 기도가 부족했다. 하루 한 시간 기도하는 것은 당연하지만 집중적으로 매달리는 기도는 못했던 것이다. 그러다 보니 나에게 주어진 은사를 사용할 기회가 점점 없어졌다. 나는 그동안 암병도 고쳤다. 팔과 다리가 자라며 신체의 그의 모든 부분이 치유되는 것도 수많이 경험했다. 병든 자를 위해서 기도할 때 지식의 말씀의 은사, 지혜의 말씀의 은사가 동반되어 성령의 지시대로 치유할 때가 많이 있었다. 그러나 이러한 사역을 할 수 있는 기회가 점점 없어지고 치유 사역을 하는 기회도 없어졌다.

나이가 들어 "은퇴를 한 후 내가 어떤 일을 해야 할까요" 하며 많은 기도를 하였었다. 그러던 어느 날 기도하는 가운데 한국으로 나가라는 분명한 지시를 받았다. 그리고 30년 전에 비슷한 경험을 한 것이 생각났다. 목사가 된 직후 나는 '어느 나라로 내가 가야 합니까' 하고 간절히 기도하였다. 그때 분명히 성령님은 내게 '말이 다른 나라가 아니다'라고 응답하셨다. 그리고 김광신 목사로부터 총회 상임

총무의 일을 하라고 제의가 들어왔다. 나는 그렇게 응답을 주셨던 것은 주님의 인도하심이었구나 하고 기관 목회를 최선을 다해서 열심히 하였다.

나는 주님의 지시함을 받고 한국으로 나왔다. 미국 생활 45년을 살면서 내 모든 삶은 미국에 정착되어 있었다. 자녀들도 결혼을 해서 미국에서 가정을 이루며 잘 살고 있고 나도 미국에서 살아가도록 모든 것이 설계되어 있었다. 물론 친척들은 한국에 있지만 내가 어디서 지내고 무슨 일을 해야 할지 몰랐다. 그러나 너무나 정확하게 주님은 나에게 한국으로 나가라고 하셨다. 그래서 순종해서 한국으로 나와서 국적 회복 신청을 하였다. 그리고 내가 등록하여 다닐 교회를 찾기 위해서 한국의 큰 교회를 순방하며 주일 예배를 드리고 있었다.

그러는 가운데 유튜브를 통해서 천안에서 목회를 하고 계신 최종천 목사님을 알게 되었다. 최종천 목사님이 내가 다녔던 은혜한인교회에서 치유집회를 하시는 것을 보았던 것이다. 수많은 사람들이 치유를 받으러 나오면 그들을 보며 무슨 병이 걸렸는지를 아시고 그들을 치료하는 것이다. 그리고 같은 증상을 가진 사람들 100여 명이 한꺼번에 나와서 "예수님이 치료하셨습니다" 한 마디로 그들 모두가 치료되는 것을 본 것이다. 너무나 놀라운 광경을 보았다. 나는 치유 사역을 할 때 한 사람 한 사람을 붙잡고 기도했었는데 그분은 같은 증상을 가진 사람들을 불러 모아 한꺼번에 치료하는 것이다.

최종천 목사님은 대학교수였고 대학원장을 하시던 분인데 주님께서 그 모든 일을 그만두고 내가 시키는 전도사역을 하라는 부르심을 받고 현장 전도를 하는 가운데 2013년에 특별한 은사를 주셨다고 한다. 사람을 보면 무슨 병이 걸렸는지를 알게 해 주시고 그들을 치유하도록 인도하셨다고 한다. 그분이야말로 정말로 성령의 인도하심을 받고 사역을 하고 있구나 하며 그분이 사역하시는 천안에 있는 '꿈이 있는 교회'를 방문하였다. 매주 금요일에 치유집회를 하고 있었다. 100여 명을 수용할 수 있는 조그마한 교회인데 150여 명의 환자들이 찾아와서 치유를 받는 것이었다. 전남 목포에서 부산에서 대구에서 서울에서 전국 각 지역에서 소문을 듣고 찾아온 것이다.

예수님이 치유 전도를 하실 때 온 갈릴리 지역, 옆 나라인 시리아 지역까지도 소문이 퍼져 수많은 사람들이 발 딛을 틈도 없이 몰려오는 것처럼 '꿈이 있는 교회'에 몰려오는 것을 보았다. 그리고 그들이 다 치유를 받고 감격하며 돌아가는 것을 보았다. 그분이 사역하는 교회는 시골 조그만 교회이지만 최종천 목사님은 전국을 돌아다니며, 전 세계를 돌아다니며, 치유전도 집회를 인도하고 계신다. 그리고 제자훈련을 하시기 위해 세계치유사역자 전문훈련원을 운영하시며 치유사역세미나와 치유사역자전문훈련을 하고 계신다.

그분은 제자들을 가르치면서 '치유는 쉽다'고 수없이 반복하여 말씀하신다. 예수님이 다 이루어 놓으신 것을 우리는 선포만 하면 된다. 그렇다. 우리가 전도를 할 때도, 타국에 나가 선교를 할 때도 우리가 하는 것은 주님이 이루어 놓으신 것을 믿고 선포만 하면 되는 것이다. 주님이 이미 다 이루어 놓으시고, 믿는 자에게 반드시 표적이 따르게 해 주겠다고 약속하셨다. 성령님의 인도하심을 따라가기만 된다.

5. 제자를 만들어라

"그러므로 너희는 가서 모든 민족을 제자로 삼아 아버지
와 아들과 성령의 이름으로 침례를 베풀고 내가 너희에
게 분부한 모든 것을 가르쳐 지키게 하라. 볼지어다 내가
세상 끝날까지 너희와 항상 함께 있으리라 하시니라" (마
28:19-20)

예수님이 이 땅의 모든 사역을 마치시고 승천하시기 바로 직전에
명령하신 말씀이다. 우리는 이것을 지상명령(至上命令, The Great
Command)이라고 한다. "그러므로"라는 말은 지금까지 예수님이
모든 사역을 마치시고 "결론을 말하면"이라는 뜻이다. 예수님께서
우리에게 마지막으로 결론을 말하면 '너희는 모든 민족을 제자로 삼
아 아버지와 아들과 성령의 이름으로 침례를 베풀고 내가 너희에게
분부한 모든 것을 가르쳐 지키게 하라'는 명령이다. 이것이 예수님
의 마지막 유언이요, 명령인 것이다.

예수님이 3년 반 동안 데리고 다니시며 귀신을 쫓아내시고 병든
자를 치료하시며 가르치신 모든 것을 너희도 그렇게 가르치라는 명

령인 것이다. 예수님처럼 귀신을 쫓아내고 병든 자를 고치며 복음을 증거할 때 예수님이 함께하시겠다고 약속하셨다. 예수님이 함께하시면 따르는 표적이 임하게 되어 있다.

오늘날 모든 교회들이 이 말씀에 따라서 제자 훈련을 하고 있다. 그런데 오늘날 제자훈련을 하는 것을 보면 뭔가 잘못되어 있다는 것을 누구나 알 수 있다. 예수님이 3년 반 동안 제자들을 데리고 다니시며 제자 훈련을 하는 것을 보면 귀신을 쫓아내며 병든 자를 고치며 사람들에게 고통받고 있는 것을 해결해 주시며 천국 복음을 증거하도록 한 것이다.

그런데 오늘날 거의 모든 교회가 제자훈련을 하는 것은 성경공부를 하고 있는 것이다. 물론 성경 공부를 하는 것은 정말 중요하다. 그러나 예수님은 제자훈련을 하면서 한 번도 성경공부를 시키는 것을 볼 수 없다. 귀신을 쫓아내며 병든 자를 치유하는 것을 실제 보여주시며 훈련시킨 예수님은 수시로 그들에게 실습을 시킨 것이다. 그리고 그들이 귀신을 쫓아내고 병든 자를 치유한 것을 예수님께 보고하면 예수님은 그들이 부족한 것을 다시 가르치며 교정해 주었던 것을 알 수 있다.

오늘날 성경공부를 많이 하여 성경 지식은 많이 알고 외우고 있다고 하더라도 그들에게 능력이 따르는 것을 볼 수 없다. 따르는 표적이 없기 때문에 그들의 전도 훈련은 선물 공세나 얄팍한 사람의 이론을 전하는 것이다. 그렇기 때문에 따르는 표적이 없어서 전도가 되지 않는 것이다.

그래서 사도 바울은 내가 말하는 것과 전도하는 것은 사람의 지혜의 말로 하지 아니하고 오직 성령의 나타나심과 성령의 능력으로 하였다고 하였다. 당시에 사도 바울은 누구보다도 학식이 넘치는 사람이었다. 얼마든지 설득력 있는 말로 사람들을 감동시킬 수도 있었고 지혜로운 말로 사람들을 설득할 수도 있었지만 바울은 성령의 능력만을 통해서 전도하고 가르쳤다고 한다.

"내 말과 내 전도함이 설득력 있는 지혜의 말로 하지 아니
하고 다만 성령의 나타나심과 능력으로 하여 너희 믿음이
사람의 지혜에 있지 아니하고 다만 하나님의 능력에 있게
하려 하였노라"(고전 2:4)

그런데 오늘날 교회가 전도하는 것은 어떻게 하는가? 사람의 지혜의 말로 전도하고 있다. 그들에게 성령의 능력과 성령의 나타남, 표적은 보이지 않는다. 능력 훈련을 하지 않았기 때문이다. 귀신을 쫓아내고 병든 자를 치료하는 것을 보여 주지도 않고 가르치지도 않고 전도 현장에 내보내기 때문에 아무런 표적이 나타나지 않고 있는 것이다. 그래서 그들은 교묘한 사람의 가르침과 지혜로 전도하도록 가르쳤고 가르침을 받은 것이다. 이러한 사람들을 사도 바울은 저주를 받을 것이라고 엄히 경고한 것을 잊지 말아야 한다.

"그리스도의 은혜로 너희를 부르신 이를 이같이 속히 떠나 다른 복음을 따르는 것을 내가 이상하게 여기노라. 다른 복음은 없나니 다만 어떤 사람들이 너희를 교란하여 그리스도의 복음을 변하게 하려 함이라. 그러나 우리나 혹은 하늘로부터 온 천사라도 우리가 너희에게 전한 복음 외에 다른 복음을 전하면 저주를 받을지어다"(갈 1:6-8)

나는 국민일보를 구독하고 있었는데 어느 날 기독교 100주년 기념관에서 공개 세미나를 한다는 광고를 보았다. 경남 양산에서 한세계교회를 담임하고 계시는 오광석 목사님이 인도하시는 세미나였다. 그분은 원래 부흥사로 활동하시며 귀신도 쫓아내고 치유사역도 하셨지만 막상 오광석 목사님이 시무하는 본 교회는 성장하지 못하고 있었다.

심각한 고민을 하면서 어떻게 해야 하는가를 주님께 물으면서 기도에 들어갔다. 그러다가 깨달은 것은 제자들을 만들지 못했다는 것이다. 예수님은 사역을 시작하자마자 제자들을 부르셔서 제자 훈련을 시키는 것을 깨달았다. 교인들은 언제든지 자기 마음에 들지 않으면 교회를 떠나는 것이다. 그러나 제자를 만들면 절대로 스승을 떠나지 않는 것을 알았다. 그래서 오광석 목사님도 병든 자들을 치유하고 치유된 사람들을 훈련시켜서 그들을 제자로 삼아야 된다는 것을 깨닫고 트리플 신앙세미나를 운영하고 계시는 것이다.

치유 세미나는 8주 과정으로 어떻게 하면 강력한 치유가 나타나는가를 배우며 치유 실습을 시키는 과정이다. 8주 동안 치유 세미나를 등록하여 배우면 누구나 치유를 할 수 있는 능력이 나타난다. 이것이야말로 성경에서 예수님이 제자훈련을 하는 것과 같으며, 사도 바울이 그토록 강력하게 성령의 나타남과 능력으로 전도하였던 것과 동일하구나 하고 열심히 배웠다.

나는 '나에게 부족한 것이 무엇일까?', '나도 성령의 나타남도 있었고 각종 은사도 있어서 내가 세계 곳곳에 다니며 신학교에서 가르쳤고, 나에게 배웠던 제자들도 병 고치고 귀신을 쫓아내었는데 무엇이 부족했는가?' 고민했다. 치유 세미나에서 공부하면서 내가 부족한 것을 깨달았다.

치유 세미나에서는 치유의 3단계를 가르치는데 첫째가 영의 기도였다. 하루에 3시간씩 기도훈련을 하는 것이다.

> "집에 들어가시매 제자들이 조용히 묻자오되 우리는 어찌하여 능히 그 귀신을 쫓아내지 못하였나이까 이르시되 기도 외에 다른 것으로는 이런 종류가 나갈 수 없느니라 하시니라" (막 9:28-29)

제자들이 훈련을 받고 전도를 하고 있었는데 어느 사람이 귀신 들려 간질하며 말 못 하게 하는 아이를 데리고 왔다. 그래서 제자들이 그 귀신을 쫓아내려고 했지만 쫓아내지 못하였다. 그것을 보시고 예수님은 쉽게 귀신을 쫓아내 주셨다. 제자들은 스승이었던 예수님께 와서 물었던 것이다.

"우리는 어찌하여 귀신을 쫓아내지 못하였나이까?"

예수님은 제자들에게 대답하셨다.

"기도 외에 다른 것으로는 이런 종류가 나갈 수 없느니라."

둘째는 영의 말씀 세팅이었다. 예수님의 유언의 말씀과 성령이 임하면 권능을 받는다는 예수님의 말씀을 완전히 세팅해 주어야 한다. 우리 마음에 예수님의 유언의 말씀과 예수님이 약속의 말씀이 완전히 들어가 있으면 능력은 저절로 따르게 되어 있다.

> "이에 열둘을 세우셨으니 이는 자기와 함께 있게 하시고 또 보내사 전도도 하며 귀신을 내쫓는 권능도 가지게 하려 하심이러라" (막 3:15-16)
> "그러므로 너희는 가서 모든 민족을 제자로 삼아 아버지와 아들과 성령의 이름으로 침례를 베풀고 내가 너희에게 분부한 모든 것을 가르쳐 지키게 하라 볼지어다 내가 세상 끝날까지 너희와 항상 함께 있으리라 하시니라" (마 28:19-20)
> "오직 성령이 너희에게 임하시면 너희가 권능을 받고 예루살렘과 온 유대와 사마리아와 땅 끝까지 이르러 내 증인이 되리라 하시니라" (행 1:8)

셋째는 영의 임파테이션이었다.

> "그러므로 내가 나의 안수함으로 네 속에 있는 하나님의
> 은사를 다시 불 일 듯하게 하기 위하여 너로 생각하게 하
> 노니"(딤후 1:6)

예수님의 말씀을 완전히 심어 주고 영의 기도를 통하여 성령 충만하게 되면 누구나 치유의 은사가 나타나게 되어 있다. 그리고 거기에 성령 충만한 스승이 안수를 해 주므로 그들도 확실하게 치유를 할 수 있는 제자가 되는 것이다.

나도 신학교에서 학생들을 이와 비슷하게 가르쳤다. 한 시간씩 기도 훈련을 하였고, 예수님의 유언인 지상명령을 가르쳤고, 안수도 해 주었다. 그래서 그들도 능력을 받게 되고 따르는 표적으로 전도도 하였다. 그러나 부족한 것은 그들을 완전한 제자로 만들지 못했던 것이다.

한세계교회에서 오광석 목사는 치유 세미나를 통해서 은사를 받게 하고 사명을 불러일으켜서 예수님의 제자를 삼는 것을 목표로 하고 있었다. 치유 세미나를 나온 사람들에게 신앙 세미나와 제자 세미나를 나오도록 하여 그들을 완전한 제자로 만드는 것이 목표였다. 이 과정이야말로 예수님이 제자들을 훈련시켰던 것과 동일하며 사도 바울이 가르쳤던 것과 동일한 것이다.

이 '트리플 신앙세미나'를 완전히 숙달하면 당연히 능력이 임하여서 예수님이 약속하셨던 "따르는 표적"이 임하게 된다. 그러면 그들을 제자훈련을 하여야 한다. 그리고 그 제자가 또 제자를 만들면 교회는 놀랍도록 부흥, 성장할 것이다.

6. "하나님이 보우하사 우리나라 만세!"

보혜사로 오신 성령님이 모든 것을 인도하신다. 예수님이 함께하시면 다 되는 것이다. 예수님은 누구와 함께하실까? 예수님의 계명을 지키고 지상명령으로 주었던 명령을 지켜 행하는 자에게 함께하신다.

"선교는 기도! 선교는 전쟁! 선교는 순교!"라는 표어를 교회에 걸어 놓고, 오직 주님이 그토록 원하셨던 영혼 구원에 전력을 하였던 미국 캘리포니아의 은혜한인교회를 주님이 사용하셔서 단일교회로는 전 세계에 가장 많은 선교사를 파송하였고 파송한 선교사들마다 놀랍도록 활동하게 하신 것도 주님이 함께하신 확실한 표적이다.

"치유는 쉽다!"라는 제목으로 전 세계에 다니며 세계 치유사역자 훈련을 하시는 최종천 목사님을 통해서 얼마나 많은 사람들이 구원을 받고 있는지 모른다. 치유 사역자 훈련을 받고 함께 활동한 수많은 제자들이 다니며 전 세계를 변화시킬 것을 바라본다.

모든 믿는 자들을 예수님의 제자로 만들어 그들도 열두 사도들처럼 따르는 표적으로 전 세계를 변화시키도록 훈련을 하고 있는 '한 세계교회' 오광석 목사님에게 주님이 함께하셔서 수천 명의 사람들이 훈련을 받고 있으며 훈련을 받은 교회들마다 놀랍도록 부흥이 되고 있는 것을 보고 있다.

> "주 예수의 은혜가 모든 자들에게 있을지어다 아멘" (계 22:21)

나는 일제 말기에 태어났다. 우리나라는 전 세계에서 가장 비참한 나라가 되었다. 세계 2차대전을 일으킨 일본은 우리나라의 모든 자원을 다 뺏어갔다. 우리나라에서 나오는 쌀은 전부다 빼서 갔으며, 심지어 집에 있던 놋쇠 밥그릇까지도 다 강제 수집하였다. 남자아이들은 일본군의 총알받이로 강제 징집하였고, 여자아이들은 일본군 위안부로 끌려갔다. 나이가 든 우리 아버지는 일본 탄광의 노동자로 강제로 끌려갔다. 전 세계에서 이보다 더 비참한 나라가 없을 것이다.

천지를 만드시고 우리 인간을 만드신 하나님은 이렇게 비참한 환경에 빠진 우리나라에 복음을 심어 주셨다. 일본에게 나라를 빼앗기기 직전에 한미조약이 체결되고 선교사들을 우리나라로 보내 주신 것이다.

최초의 의료 선교사인 알렌은 외교관 자격으로 조선 땅에 들어왔다. 이때가 1884년 9월 20일이었다. 한국 역사 4천 년에 처음으로 기독교 선교사가 한국에 도착한 날이다. 1884년 12월에 우리나라에서 처음으로 근대식 우편제도를 시행할 우정국 건물을 완성하고 낙성식을 하는 피로연이 열렸다. 갑자기 "불이야" 하는 신호와 함께 잠복했던 자객들에게 민영익(명성황후의 동생)이 전신에 칼을 맞고 혈관이 끊기는 생명이 위험한 상황이었다. 당시에 한방의 의술로는 생명을 구할 방법이 없자 서양 의사인 알렌에게 부탁이 들어왔다. 하나님께서는 그에게 은혜를 베푸시어 그의 치료는 극적인 효력을 나타내 민영익은 얼마 되지 않아 완치가 되었다. 알렌은 고종 황제의 시의가 되었고 참판 벼슬까지 받게 되었다.

알렌은 제중원이라는 병원을 세우게 되었고 역사적으로는 처음으로 언더우드 선교사가 입국하여 그 병원의 직원으로 일할 수 있게 되어 외국인들이 선교활동을 하는 계기가 되었다. 언더우드는 한국에 도착하자마자 우선 길가에 버려진 고아들을 눈여겨보게 되었고 그들을 모아다가 학교로 발전하기를 바란다고 기록하였다. 이곳이 나중에는 경신고등학교가 되었고 나아가서 지금의 연세대학교를 만들어 한국 근대화에 크게 이바지할 민족의 지도자들과 신학교를 통하여 교역자를 배출하는 계기가 되었다.

1886년에 중국에서 복음을 전하던 토마스 선교사가 성경을 가지고 조선 땅으로 들어오던 중 평양의 문정관이 화승포로 공격하여 침몰하자 토마스 선교사는 성경책 몇 권을 품에 품고 헤엄쳐 왔으나 조선 병사인 박춘권에게 붙잡혔다. 그는 칼에 맞아 죽기 전에 예수를 믿으라고 하면서 품에 있던 성경책을 주었는데, 처음에는 이를 받지 않았다가 알렌이 죽은 다음에 이것을 주워 집으로 가지고 갔다. 그는 후에 예수를 믿고 신자가 되었으며 안주교회가 탄생하였다. 알렌 선교사가 죽으면서 던진 성경책을 가져다가 벽지로 썼던 영문주사 박영식의 집은 평양 최초의 교회인 널다리골 예배당이 되었다. 알렌의 나이 27세에 순교를 당하면서 흘린 피가 대동강에 흘려서 대동강 물을 마시던 평양 시민들이 후에 예수를 믿고 교회를 세워 동양의 예루살렘이라는 이름을 듣게 되었던 것이다.

> "여호와께서 이같이 이르시되 은혜의 때에 내가 네게 응답하였고 구원의 날에 내가 너를 도왔도다. 내가 장차 너를 보호하여 너를 백성의 언약으로 삼으며 나라를 일으켜 그들에게 그 황무하였던 땅을 기업으로 상속하게 하리라"
> (사 49:8)

1910년 8월 29일 한일합방이라는 조약이 강제로 체결되어 4천 년 역사를 가진 우리나라가 일본에 합병되어 역사에서 지워지게 되었다. 한국의 국권은 완전히 말살되고 일본인들이 한국으로 들어와서 정부의 각 기관을 다 장악하고 모든 농토를 다 차지하여 한국을 식민지 나라로 만들었다. 이에 견디지 못한 시민들이 항일운동을 한 것이 삼일운동이 되었던 것이다. 삼일운동의 주동자들이 33인이었는데 그들 중 교회의 목사와 장로가 16명이 된다. 우리나라에 선교사가 들어온 지 26년 만에 한국 곳곳에 교회가 이미 세워졌고 국민들을 지도하는 지도자의 위치에 있었던 것이다.

하나님께서는 역사를 주관하시는 분이시다. 역사를 영어로 'HISTORY'라고 한다. History는 His story, 즉 그분의 이야기다. 천지를 창조하시는 예수님이 중심이 되어 모든 세계 역사를 주관하시는 것이다. 우리나라의 역사를 보면 확실하게 하나님이 주관하시는 것을 알 수 있다.

1875년도 이승만이라는 사람을 이 땅에 태어나게 하신 분도 하나님이시다. 그는 삼일운동이 일어나기 훨씬 이전 대한제국 시절에 독립신문과 협성회보의 주필로 활동하며 계몽 운동을 하였다. 왕정 폐지와 공화국 수립을 도모한다는 죄명으로 한성감옥에 투옥됐다. 수감 시절 선교사의 전도로 예수를 믿게 되고 기독교로 개종하여 『독립정신』이라는 책을 저술하였다. 선교사들의 주선으로 특별 사면되어 한국의 밀사로 미국을 가게 되었다. 미국에서 학업을 계속하여 조지 워싱턴 대학교에서 학사, 하버드 대학교에서 석사, 프린스턴 대학교에서 박사 학위를 받았다. 이 기간이 불과 5년밖에 안 된다. 이승만은 정말로 천재 중의 천재였다.

이승만 박사는 삼일운동이 나던 1919년부터 1925년까지 대한민국 임시정부의 대통령을 역임하며 주로 미국에서 외교 중심의 독립운동을 펼쳤다. 1945년 광복 후 김구와 함께 신탁 통치 반대 운동을 주도하였고 1948년 제헌 국회의장을 지냈으며 그해 대한민국 제1대 대통령이 되었다.

대한민국이 수립된 지 불과 2년밖에 안 된 1950년 6월 25일 북한이 소련과 중국의 지원을 받고 선전포고도 없이 기습적으로 남한을 갑자기 침략했다. 3일 만에 서울이 함락되었고, 2개월 만에 압록강까지 밀려났다. 하나님께서는 이때를 위해서 이승만 박사를 예비하신 것이다. 미국에서 정치학 박사까지 받은 이승만은 당시 미국 정계에 친구들이 많이 있었다. 당시 미국 대통령인 트루먼 대통령을 비롯하여 유엔 총사령관인 맥아더 장군 등도 이승만과 친한 친구였다. 이승만 대통령은 미국에 긴급전화를 하였고, 신속히 미국을 중심으로 유엔군이 창설되었고 불과 2개월 만에 유엔군이 조직되어 한국에 들어오게 된 것이다.

6월 25일 전쟁이 발발하자마자 6월 27일 유엔 안보리 이사회가 열렸다. 7월 7일 유엔군이 조직되고 맥아더 장군이 총사령관이 되었다. 맥아더 장군은 9월 15일에 인천 상륙작전을 시작으로 대대적 반격을 개시하였다. 10월 10일 유엔군과 국군은 평양을 점령하고 압록강 부근까지 공격하였다. 11월 중순에 중국인민군이 개입하여 전세가 뒤집히게 되었다. 혜산진까지 진격하던 군군은 다시 서울을 빼앗기고 말았다. 이것을 1.4후퇴라고 한다. 전열을 가다듬은 유엔군과 국군은 우세한 화력을 앞세워 다시 인민군을 몰아붙여 3월 15일에 서울을 되찾았다. 전쟁이 발발한 지 1년 만인 1951년 6월 23일에 첫 휴전협상이 시작되었지만 여러 가지 요인으로 협상이 2년을 끄는 가운데 38선을 중심으로 수많은 전투가 이어졌고 결국 1953년 7월 27일에 정전 협정이 체결되었다. 그리고 지금까지 정전이 유지되고 있는 것이다.

이 전쟁으로 말미암아 대한민국은 완전히 거지 나라가 되었다. 일제 강제 치하에서 모든 자원을 일본에게 빼앗기고, 해방된 지 5년 만에, 대한민국 정부가 세워진 지 2년 만에 남한 전국을 인민군이 점령하여 수백만 사람들이 죽게 되었고, 모든 건물들은 거의 불타 버렸고 남은 것이라고는 아무것도 없었다. 그 당시에 공식적으로 세계에서 가장 가난한 나라가 대한민국인 것을 보면 알 수가 있었다.

그런데 대한민국에는 교회가 있었다. 정말 애써 찾은 대한민국이 풍전등화가 되어 임시 정부가 부산에 세워졌을 때 모든 교회는 목숨을 걸고 기도하였다. 부산 초량교회에서 250명의 목회자가 모여서 목숨을 걸고 금식하며 부르짖어 7일간 기도할 때 아무도 예상치 못한 맥아더 장군이 이끄는 유엔군이 인천 상륙 작전을 성공한 것이다.

나라가 다시 회복되었을 때 모든 교회는 놀랍도록 부흥 성장하였다. 교회가 모였다면 하나님께 부르짖어 기도하였고 하나님은 우리의 부르짖어 기도하는 기도를 들으셨던 것이다. 교회를 다니지 않았던 모든 국민들도 모였다 하면 애국가를 불렀다. 애국가에는 하나님을 인정하며 하나님이 우리를 도와달라는 간절한 기도가 포함되어 있다.

"동해물과 백두산이 마르고 닳도록(=영원히), 하느님이 보우하사
(하나님이 지켜 주시면), 우리나라 만세(우리나라는 반드시 승리합
니다)!"

가장 가난한 나라, 아무 자원도 없는 나라, 대한민국을 하나님께
서 지켜 주신 것이다. 세계 곳곳에서 도움의 손길이 있었지만 대한
민국은 놀랍도록 발전하기 시작했다. 불과 70년 만에 가장 가난했던
나라가 이제는 선진국의 반열에 올라갔을 뿐만 아니라 세계에서 5
번째로 잘사는 나라가 된 것이다. 먹을 것, 입을 것도 없어서 거지같
이 살던 나라가 이제는 온 세계에 선교를 하고 구호물자를 보내며,
가난한 나라를 도와주는 나라가 된 것이다.

"그들에게 이르기를 여호와의 말씀에 내 삶을 두고 맹세
하노라 너희 말이 내 귀에 들린 대로 내가 너희에게 행하
리니"(민 14:28)

아직까지도 남과 북이 갈라져 서로 대립하고 있는데 우리나라에
서는 정치적으로도 서로 대립하고 있다. 강제적으로라도 하나로 만
들어야 한다. 온 국민이 함께 모여 새마을운동을 하였던 것은 대한
민국을 크게 발전시키는 계기가 되었다.

"잘살아 보세! 잘살아 보세! 우리도 한번 잘살아 보세!"

함께 뭉쳐서 "잘살아 보세!" 외친 음성을 하나님께서는 들으셨던 것이다. 전 세계에서 새벽마다 교회에 모여서 기도하는 나라는 한국밖에 없다. 새벽마다 모여서 나라와 민족을 위해, 교회를 위해, 믿지 않는 세상 불신자들을 위해 새벽마다 부르짖어 기도하는 우리의 기도를 하나님께서는 들으신 것이다.

> "일을 행하시는 여호와, 그것을 만들며 성취하시는 여호
> 와, 그의 이름을 여호와라 하는 이가 이와 같이 이르시도
> 다. 너는 내게 부르짖으라 내가 네게 응답하겠고 네가 알
> 지 못하는 크고 은밀한 일을 네게 보이리라"(렘 33:2-3)

우리의 부르짖음을 하나님께서 들으시고 대한민국을 크게 축복하셔서 교회도 세계에서 가장 큰 교회를 한국에 세워 주셨다. 각 교단별로도 가장 큰 교회는 다 한국에 있다. 할렐루야!

그런데 오늘날 한국 교회의 문제점을 들으라면 기도가 사라져 가고 있다는 것이다. 교회들마다 새벽기도회가 있지만 모이는 숫자가 극히 적고 또 모여서 기도를 하지만 찬송하고 설교 말씀을 들은 후 기도하는 시간은 불과 10분도 되지 않는다. 그러니 따르는 표적이 나타나지 않고 교인들은 체험하는 신앙이 아니라 머리로만 믿는 신앙을 가지고 있는 것이다.

"제자들에게 오사 그 자는 것을 보시고 베드로에게 말씀
하시되 너희가 나와 함께한 시간도 이렇게 깨어 있을 수
없더냐? 시험에 들지 않게 깨어 기도하라. 마음에는 원이
로되 육신이 약하도다 하시고"(마 26:40-41)

예수님은 마지막 십자가를 지시는 것이 얼마나 힘든 일인지 알고
계시기 때문에 제자들과 함께 기도하자고 하시며 감람산에 올라가
셨다. 주님은 마지막 십자가를 지시기 위해 감람산에 올라가셔서 땀
방울이 핏방울이 되도록 애써 부르짖어 기도하고 계셨다. 그런데 합
심하여 기도하자고 했던 제자들은 자고 있는 것이다. 주님은 이때
제자들에게 "시험에 들지 않기 위해서는 한 시간은 기도해야 한다"
라고 하신 것이다.

모든 교인들이 한 시간씩 매일 부르짖어 기도하면 놀라운 일들이
일어날 것이다. 귀신들은 저절로 교회에서 떠날 것이다. 아픈 자들
은 따르는 표적으로 모든 질병과 약한 것들이 치료받을 것이다.

특별히 하나님께서는 우리나라 대한민국을 사랑하신다. 조그만
땅을 가진 나라, 그것도 둘로 쪼개져서 남과 북이 대치하고 있는 나
라, 어떤 특별한 자원도 안 나오는 나라이지만 하나님께서는 우리나
라 대한민국을 특별히 사랑하신다. 교회들이 모여서 기도하였기 때
문이다. 온 국민이 "하느님이 보우하사 우리나라 만세!"를 외쳤기 때
문이다.

이제 주님이 다시 오실 날이 얼마 남지 않았다. 온 세상에 나가서 복음을 외쳐야 한다. 모든 민족을 제자로 삼아야 한다. 그런데 지금은 우리가 온 세상에 나갈 필요도 없어졌다. 온 세상 사람들이 우리나라로 들어오고 있다. 우리나라로 들어온 사람들에게 복음을 외쳐야 한다. 그리고 그들을 제자로 삼아야 한다. 하나님께서 한류 열풍을 일으켜 주셨다. 어느 나라를 가든지 대한민국을 모르는 사람이 없다. 한국 사람들을 어느 나라나 반갑게 맞이한다. 복음을 전할 길을 활짝 열어 주셨다.

그래서 주님은 한국교회가 사도행전에 나오는 초대교회 같은 교회가 되기를 원하신다. 세계에서 제일 큰 교회를 만들어 주신 주님께서 우리 교회들을 초대교회 같은 교회로 만들어 주실 것이다. 기도가 다시 살아나고 기적과 표적이 따르게 되면 온 세계를 삽시간에 복음화할 수 있게 된다. 하나님께서 한국을 축복하신 이유는 온 세계를 하루속히 복음화하라는 명령인 것이다.

에필로그

"예수께서 나아와 말씀하여 이르시되 하늘과 땅의 모든 권세를 내게 주셨으니 그러므로 너희는 가서 모든 민족을 제자로 삼아 아버지와 아들과 성령의 이름으로 침례를 베풀고 내가 너희에게 분부한 모든 것을 가르쳐 지키게 하라 볼지어다 내가 세상 끝날까지 너희와 항상 함께 있으리라 하시니라" (마 28:18-20)

"또 이르시되 너희는 온 천하에 다니며 만민에게 복음을 전파하라. 믿고 침례를 받는 사람은 구원을 얻을 것이요 믿지 않는 사람은 정죄를 받으리라. 믿는 자들에게는 이런 표적이 따르리니 곧 그들이 내 이름으로 귀신을 쫓아내며 새 방언을 말하며 뱀을 집어올리며 무슨 독을 마실지라도 해를 받지 아니하며 병든 사람에게 손을 얹은즉 나으리라 하시더라. 주 예수께서 말씀을 마치신 후에 하늘로 올려지사 하나님 우편에 앉으시니라. 제자들이 나가 두루 전파할 새 주께서 함께 역사하사 그 따르는 표적으로 말씀을 확실히 증언하시니라" (막 16:15-20)

"오직 성령이 너희에게 임하시면 너희가 권능을 받고 예
루살렘과 온 유대와 사마리아와 땅 끝까지 이르러 내 증인
이 되리라 하시니라"(행 1:8)

온 천하에 다니며 복음을 전파하라고 명령하신 주님은 그 명령만
하시지 않으셨다. 너희가 명령대로 나가기만 하면 내가 너희와 함께
가서 내가 다 행하겠다고 약속하신 것이다. 너희는 아무 걱정도 하
지 마라. 내가 다 준비하고 내가 다 해 주겠다는 주님의 확실한 약속
이다.

주님이 이렇게까지 우리를 위해서 모든 것을 준비해 두시고 우리
에게 나가서 복음을 전하라고 하신 것이다. 우리가 노력해야 할 일
은 아무것도 없다. 주님이 우리의 몸을 사용하기를 원하시는 것이
다. 내 입을 주님께 드려라. 내 손을 주님께 드려라. 내 발을 주님께
드려라. 주님이 사용하기를 간절히 원하신다. 우리가 헌신하기만 하
면 주님께서 다 이루시고 천국의 보좌를 우리를 위해 예비해 두고
계신다.

그런데도 우리가 움직이지 않으면 주님은 아무 일도 못 하신다.
천군, 천사를 통해서 얼마든지 일하실 수 있는 예수님이 우리에게
상급을 주시기 위해 천군, 천사들을 사용하지 않으시고 당신과 내가
움직이기를 기다리고 계시는 것이다.

주님께서 이 책을 쓰라고 명령하셨다. 그리고 성경 말씀을 깨닫게 하셨다. 전도는 쉽다! 예수님이 함께하면….

전도는 당연히 쉽다. 예수님이 함께하시면 따르는 표적이 나타난다. 세상 사람들은 그것을 기적이라고 할 것이다. 그리고 정말로 하나님께서 살아 계시구나 하고 하나님을 믿게 될 것이고, 하나님을 두려워하게 될 것이다.

이 책을 읽는 모든 사람들마다 마음이 뜨거워지게 될 것이다. "주님, 내가 여기 있사오니 나를 보내소서!" 하는 기도가 나오게 될 것이다.

성경 전체의 결론은 온 세상 모든 사람들이 다 예수님의 은혜를 받고 하늘나라를 이루는 것이다. 하나님의 간절한 소원은 세상 모든 사람들이 다 주 예수의 은혜를 받게 되는 것이다. 먼저 예수를 믿었던 당신과 내가 하나님의 그 간절한 소원을 이루어 드리자.

"주 예수의 은혜가 모든 자들에게 있을지어다 아멘" (계 22:21)

전도는 쉽다

ⓒ 오아론, 2025

초판 1쇄 발행 2025년 1월 17일

지은이   오아론
펴낸이   이기봉
편집   좋은땅 편집팀
펴낸곳   도서출판 좋은땅
주소   서울특별시 마포구 양화로12길 26 지월드빌딩 (서교동 395-7)
전화   02)374-8616~7
팩스   02)374-8614
이메일   gworldbook@naver.com
홈페이지   www.g-world.co.kr

ISBN   979-11-388-3908-2 (03230)